곤니치와, 일본

곤니치와, 일본

호기심 많은 아이를 위한 문화 여행

조피아 파비야노프스카-미칙 글
요안나 그로호츠카 그림 | 이지원 옮김

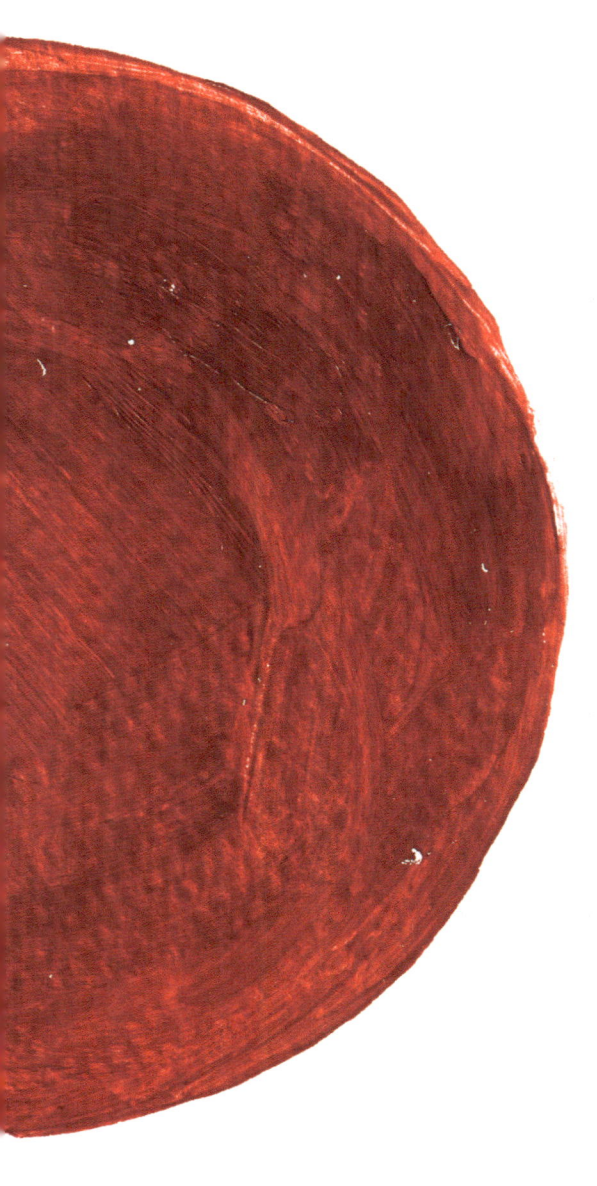

이웃 나라 **일본**을 얼마나 알고 있나요?
일본은 우리나라 오른쪽에 위치한 나라로
우리나라보다 면적이 약 3.8배 큰 **섬나라**예요.

일본은 홋카이도, 혼슈, 시코쿠, 규슈라 불리는 4개의 큰 섬을 중심으로 6천여 개의 작은 섬들로 이루어졌어요. 지도를 보면 북동에서 남서 방향으로 섬들이 길게 이어져 있지요. 가장 북쪽의 홋카이도는 무릎까지 쌓이는 흰 눈과 온천이 유명하고 최남단의 오키나와는 지중해처럼 따뜻한 바다가 유명해요. 홋카이도에서 최남단의 오키나와까지 위도 차이가 22°에 이르고 기온 차이는 16℃나 된답니다. 일본 열도는 **불의 고리**라고 불리는 환태평양조산대에 위치해서 지진이 잦고(38~41쪽을 보세요.) 화산이 많아요. 166개의 화산 중에 절반이 언제든 터질 수 있는 활화산이지요.

일본 사람은 물론이고, 일본 문화를 접한 사람이라면 **사무라이**(118쪽을 보세요.)를 들어 봤을 거예요. 사무라이는 일본의 국경을 몇 백 년 동안 지켜 온 무사예요. 지금은 일본의 국경을 사무라이가 지키고 있지는 않지만 사무라이가 충성을 다해 지켜 온 일본의 왕은 아직도 현존한답니다. **천황**(30-33쪽을 보세요.)이라고 불리지요. 일본의 초대 천황은 일본 신화에 나오는 진무 천황으로 진무 천황이 즉위한 해는 2천 5백 년 전의 2월 11일이에요. 그래서 일본은 2월 11일을 건국 기념일로 지정해 공휴일로 쉰답니다.

6

일본의 화폐 단위는 **엔**(円, YEN)이에요. 100엔은 어림잡아 1,000원 정도 되어요. 1,000원으로 많은 것을 살 수 없지만, 일본에는 '100엔샵'이 있어요. 도자기 그릇부터 화장품, 과자, 부엌 도구, 생활용품, 과자까지 없는 것이 없어요. 그런데

왜 '100엔샵'이냐고요? 이 많은 물품을 대부분 100엔에 파니까요. 100엔 동전에는 벚꽃 그림이 새겨져 있어서 아주 예뻐요. 그런데 일본 사람들이 지갑에 꼭 넣고 다니는 건 5엔짜리 동전이에요. 중앙에 구멍이 뚫린 5엔짜리 동전으로 살 수 있는 것은 거의 없어요. 하지만 일본 사람들은 5엔짜리 동전이 행운을 가져온다고 믿어요. 일본에는 동전 외에 1,000엔과 10,000엔짜리 지폐도 있답니다.

일본인들은 자신의 나라를 **니혼**, 또는 **닛폰**이라고 불러요. 두 이름 모두 이렇게 쓴답니다. (26-29쪽을 보세요.) 만약 여러분이 일본에서 산다면 어떨까요? 일본어를 하고, 일본 문화를 배우고, 일본 놀이를 하고, 일본 음식을 먹고, 일본어로 누군가를 축하한다면 말이에요. 일본에 사는 사람처럼 일본에 대해 함께 알아볼까요?

홋카이도 (북해도) 北海道

1. **다이세쓰산 국립 공원** – 일본에 사는 야생 동물들을 볼 수 있어요. 큰 곰과 라쿤도 있지요. 야외 온천에서는 추운 날에도 목욕을 즐길 수 있답니다.

2. **삿포로** – 홋카이도의 가장 큰 도시로 눈 축제(66-67쪽을 보세요.)와 스키 점프 경기가 유명해요.

혼슈 本州

3. **아오모리** – 8월에 거대한 등불 축제인 네부타 축제가 열려요. (70쪽을 보세요.)

4. **마츠모토성** – 일본의 가장 아름다운 성 중 하나로 벽이 검은색이라 '까마귀성'이라고도 해요.

5. **닛코 국립 공원** – 100미터에 달하는 게곤 폭포와 무사였던 도쿠가와 이에야스를 기념하는 사당으로 유명해요.

6. **미타카** – 미타카에 있는 지브리 스튜디오 박물관에서는 애니메이션 ≪토토로≫와 ≪모노노케 히메≫ 주인공들의 인형과 조각을 볼 수 있고, 미야자키 하야오의 작업실도 방문할 수 있어요.

7. **도쿄** – 일본의 수도로 츠키지 수산 시장에서 신선한 생선과 해물을 살 수 있고(121-123쪽), 교외로 나가면 '산리오 퓨로랜드'라는 헬로우 키티의 놀이 공원이 있답니다.

8. **카와사키** – 도라에몽을 만든 후지코 후지오(작가 후지모토 히로시와

아비코 모토오의 필명)의 박물관과 과학 센터가 있어요.
(106-107쪽을 보세요.)

9. **카마쿠라** – 무게 93톤에 높이가 13미터나 되는 거대 불상이 있는데, 불상에 문이 달려 있어서 안으로 들어갈 수도 있어요.

10. **후지산** – 일본의 가장 높고 가장 유명한 산(해발 3,776미터지요.)
(124-127쪽을 보세요.)

11. **나고야** – 유명한 자동차 박물관이 있어요. 도요타 자동차의 가장 오래된 모델도 볼 수 있답니다.

12. **교토** – 일본의 옛 수도 중 한 곳으로 금으로 만든 벽으로 유명한 금각사와 주홍빛의 도리이가 몇 킬로미터나 이어진 도리이 터널을 볼 수 있어요.

13. **나라** – 일본의 첫 수도로 오래된 절과 신사가 있고 사슴이 뛰어다니는 공원이 유명해요.

14. **오사카** – 1월에는 도야도야 축제가 있어요. 사람들이 거의 발가벗고 뛰어가는 축제랍니다. (66쪽을 보세요.)

15. **고베** – 고베 근처에서 세상에서 가장 값비싼 소를 길러요.
(23쪽을 보세요).

16. **히메지성** – 눈처럼 하얀 이 성은 '백로성'이라고도 불려요. 성 안은 미로와 숨을 곳으로 가득하답니다. (128-131쪽을 보세요.)

17. **히로시마** – 평화의 기념비가 세워져 있어요. 2차 세계 대전 때 히로시마에 투하된 원자폭탄을 상기하는 기념비지요.
(32쪽을 보세요.) 히로시마는 마즈다의 첫 자동차 공장과 '잉어성'으로도 유명해요.

18.  **시코쿠** 四国
섬 어디를 가도 당도가 높기로 유명한 귤을 만날 거예요.

규슈 九州

19. **벳부** – 휴가지로 인기가 많은 곳이에요.
온천을 이용한 수영장과 목욕탕이 많아요.

20. **후쿠오카** – 규슈에서 가장 큰 도시로 나카 강변에서 파는
길거리 음식이 유명해요.

21. **아소산** – 일본에서 가장 큰 활화산이에요.

22. **쿠마모토성** – 다른 성들과는 달리 사무라이와 닌자의 시대로부터
거의 변한 것이 없이 보존되었어요.

23. **사도** 佐渡
한때는 감옥이 있었던 곳이에요. 금광도 있었고요.
지금은 따오기 보호 구역이에요.

24.  **아와지시마 淡路島**
일본 인형극의 본고장(84–87쪽을 보세요.)이에요.

25. **오쿠노시마 大久野島**
한대 토끼들이게 생체 실험을 했던 군 실험실들이 있었어요. 지금은 실험실은 없어졌지만, 섬에 남은 많은 토끼들은 관광객들의 볼거리가 되었답니다.

26. **미야지마 宮島**
성스러운 사슴들이 정복한 섬. 단풍잎 모양의 과자를 먹을 수도 있고 해변에는 물에 일부가 잠긴 커다란 도리이가 서 있어요.

27. **야쿠시마 屋久島**
섬을 둘러싼 태평양의 온도는 19℃ 아래로 내려가지 않지만, 섬의 산꼭대기에는 언제나 눈이 쌓여 있어요. 약 7천 마리의 마카크 원숭이가 살고 있답니다.

28. **오키나와 沖縄**
처음 가라테가 생긴 섬이에요. 섬 주위에는 산호초가 있고, 섬의 수족관에는 크기가 10~20미터나 되고 무게가 몇 톤씩이나 되는 고래상어들이 떠다닌답니다.

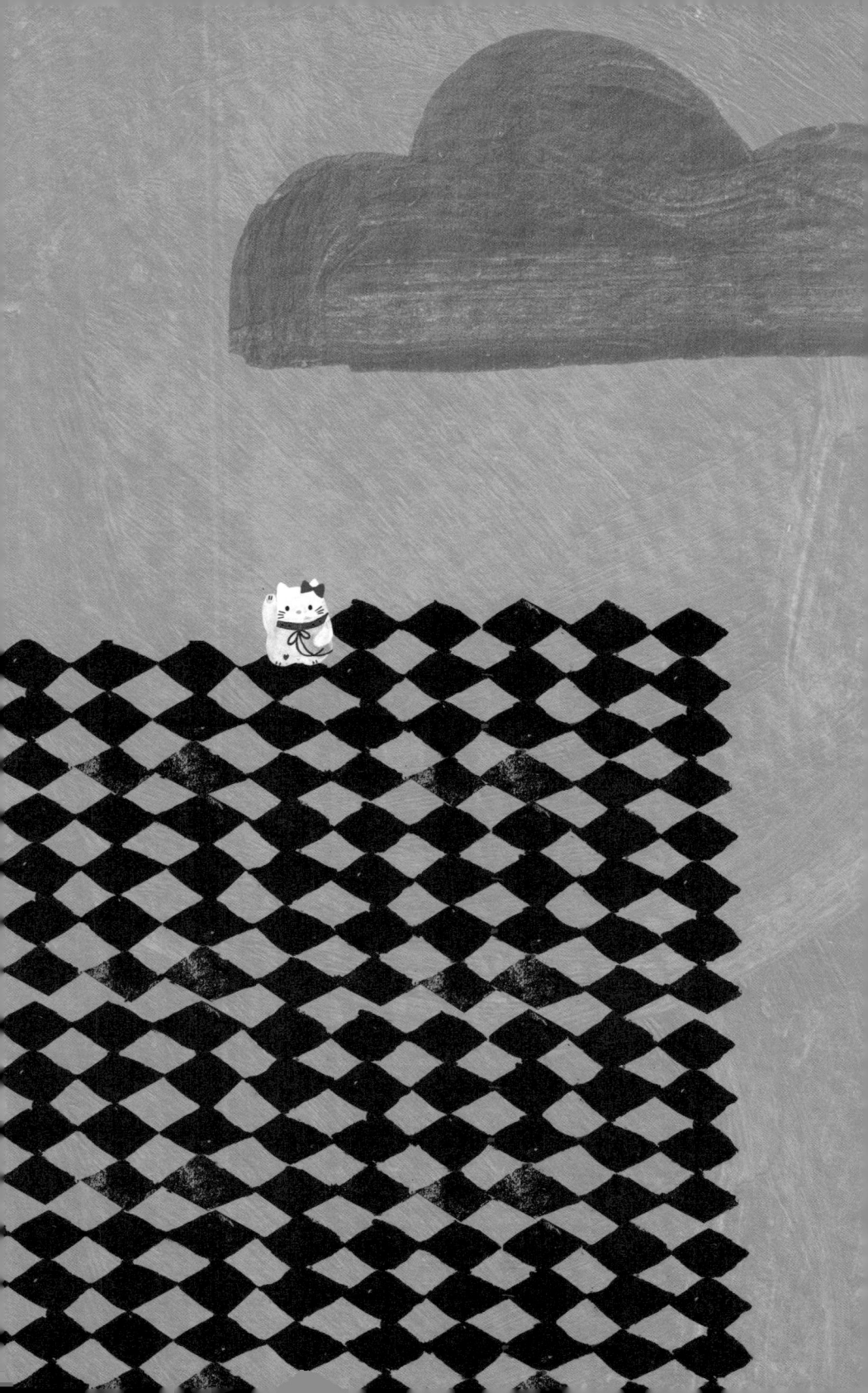

지도에서 일본을
찾아볼까요?

일본은 동해와 태평양 사이에 있는 섬나라예요. 좁고 기다랗게 생긴 일본은 북쪽과 남쪽의 위도 차이가 22°나 되어서 북쪽과 남쪽의 기온 차이가 크고 자연 풍광이 달라요.

도쿄나 교토, 요코하마에 사는 사람들이 이국적인 곳에서 따뜻하게 휴가를 보내고 싶다면 굳이 외국에 나갈 필요가 없어요. 일본 남쪽 끝에 있는 **오키나와**로 가면 돼요. 일본 남쪽 섬에는 해변에 야자나무와 산호초가 자라고, 파파야와 멜론, 망고와 파인애플과 같은 열대 지방 과일이 자라요. 겨울에도 반팔 차림으로 다닐 수 있지요. 그럼 추운 곳에서 눈을 보며 스키를 타고 싶다면요? 어디로 가야 할까요?

일본 북쪽 끝에 자리한 **홋카이도**로 가면 돼요. 홋카이도에 위치한

삿포로에서는 스키 점프 대회가 열리고, 눈과 얼음 조각 축제가 열려요.(66-67쪽을 보세요.) 일본 도쿄에서 홋카이도까지 비행기뿐 아니라 배를 타고 갈 수도 있고, 세상에서 가장 긴 해저 터널을 달리는 기차를 타고 갈 수도 있답니다.

일본의 수도 **도쿄**는 일본 열도의 한가운데에 위치한 섬들 중에서 가장 큰 **혼슈섬**에 있어요. 겨울은 우리나라보다 따뜻하고 눈은 드물게 내리거나 거의 오지 않아요. 하지만 한번 눈이 내리면 교외의 기차들을 몇 시간이나 꼼짝달싹 못 하게 한답니다. 혼슈의 여름은 우리나라보다 훨씬 덥고 습해요. 봄에는 분홍빛 벚꽃이 가득하고, 가을에는 어디서나 황금색과 붉은색의 단풍을 볼 수 있어요. 혼슈섬은 아주 길게 생겼어요. 도쿄 외에도 교토, 오사카, 요코하마, 고베, 나고야, 히로시마 같은 도시들이 혼슈섬에 있어요. 혼슈섬 서쪽으로는 활화산인 **아소산**, 온천과 목욕탕이 많은 **규슈섬**이 있어요. 그리고 귤을 많이 재배하는 **시코쿠섬**도 있답니다.

해를 상징하는 동그라미

18

일본의 국기인 **일장기**는 기억하기가 쉬워요. 흰색 바탕 한가운데에 빨간색 동그라미만 그려져 있으니까요. 일본 사람들은 이 국기를 '히노 마루', 그러니까 '동그란 해'라는 뜻으로 불렀어요. 아마도 옛날 중국 사람들이 일본을 '해가 뜨는 나라'라고 불러서 그랬을 거예요. 해는 동쪽에서 뜨는데 일본이 중국의 동쪽에 있으니, 중국에서는 마치 해가 일본에서 뜨는 것처럼 보였던 것이지요.

해는 일본의 민속 신앙인 **신토**에서 중요한 역할을 해요. '신토'는 말 그대로 풀이하면 '신들의 길'이라는 뜻이에요. 일본 사람들이 섬기는 신들 중에서 가장 중요한 신은 **아마테라스**, '하늘에서 빛나는 신'이에요. 일본 사람들은 천황이 아마테라스의 후손이라고 믿어요. (30-32쪽을 보세요.) 전설에 따르면 어느 날 아마테라스는 동생 스사노오의 장난을 피해 동굴로 숨었어요. (20쪽을 보세요.)

아마테라스는 거대한 바위로 동굴 입구를 막고 나오려고 하지
않았어요. '하늘에서 빛나는 신'이 사라지자 땅에 어둠이 깔리며
나쁜 신들이 활개를 치기 시작했어요. 다행히 착한 신들은 해결할
방법을 찾아냈어요. 착한 신들은 동굴 앞에서 놀이를 하며, 커다랗게
웃고 박수를 치기 시작했어요. 아마테라스는 관심이 생겨 큰 돌을
조금 치우고는, 세상이 어둡고 우울한데 무엇이 그리 즐거운지
물어보았어요. 신들은 아주 중요한 손님이 와서 축하 파티를 하고
있다고 했지요. "정말?" 아마테라스가 의아해했어요. 아마테라스는
"나보다 더 중요한 자가 있다고?"라고 물으며 밖으로 얼굴을
내밀었는데, 그때 아마테라스의 눈앞에 거울이 나타나 아마테라스의
모습이 비춰졌어요. 신들이 기다린 건 바로 그 순간이었어요.
신들은 아마테라스의 어깨를 꼭 붙들고는 동굴에서 끌어냈어요.
그 순간 세상은 다시 환해졌답니다. 오늘날까지 수많은 일본의
신사(70-71쪽을 보세요.)에는 이 이야기를 떠올리게 하는
거울이 있답니다.

일본의 다른 상징은 천황의 문장이에요.
천황의 문장은 16장의 꽃잎이 달린 국화로,
일본 사람들은 국화 문양을 국가 문양처럼
여겨요. 그래서 일본 여권의 앞표지에는
국화 무늬가 새겨져 있답니다.
또, 일본에서 가장 중요하게 여기는 훈장도
'국화 훈장'이에요.
해마다 9월 9일이면 나라 곳곳에서 국화
전시회도 열린답니다. 어떤 국화 종류는
요리할 수도 있어요. 음식에 넣거나,
향기로운 차를 만들거나, 머리가 아플 때
약 대신 먹을 수도 있지요.

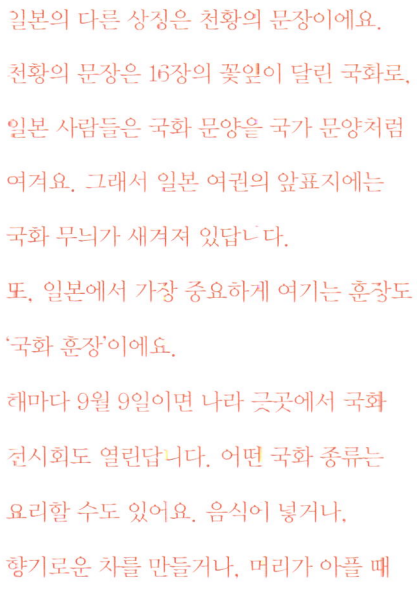

벚꽃의 물결

22 **일**본을 '해가 뜨는 나라'라고만 부르지 않아요. (18-21쪽을 보세요.) 더 자주 쓰는 다른 표현이 있어요. 바로 **벚꽃이 피는 나라**랍니다.

일본 열도에는 굉장히 많은 벚나무가 있어서 매년 3월부터 5월까지 분홍빛 꽃잎이 흩날리는 광경을 일본 어느 곳에서든 마주할 것입니다. (23쪽을 보세요.) **'벚꽃의 물결'**이라 하지요.

벚꽃은 3월에 가장 따뜻한 남동쪽의 작은 섬에서부터 피기 시작해서 천천히 혼슈섬으로 올라, 6월에 북쪽 끝에 위치한 홋카이도에서 피어요. 벚꽃이 피면 어른들과 아이들은 **하나미**, 그러니까 '꽃구경'을 하러 나섭니다. 하나미는 전국적인 행사예요. 벚나무 밑에 돗자리와 담요를 깔고 친구들과 함께 꽃구경을 해요. 맛있는 음식을 먹고, 이야기도 나누고, 노래도 부르면서요. 벚꽃은 금세 지는데, 벚꽃이 질 때는 마치 분홍빛 눈이 내리는 것만 같아요.

서양의 벚나무는 꽃이 지면 체리 열매가 맺는데, 일본의 벚나무는 그렇지 않아요. 일본에서 벚나무는 봄 한철 아름다운 풍광으로만 만족해야 한답니다.

하나미가 시작되기 전이면 가게들은 새 단장을 하느라 분주해집니다. 분홍빛 과자, 분홍빛 초콜릿, 벚꽃 모양의 사탕, 벚꽃 무늬 지갑, 냅킨, 우산, 핸드폰 케이스, 도시락 통, 벚꽃이 잔뜩 그려진 기모노 (62-65쪽을 보세요.) 등등, 모든 물건이 벚꽃 버전으로 바뀌어 나오거든요. 이처럼 일본 사람들은 계절의 변화를 그냥 넘어가지 않아요. 덕분에 가을에 일본에 가면 빨간 단풍잎 무늬가 그려진 물건들을 만나 볼 수 있답니다.

하나미

다른 나라에서
말을 빌려 왔다고요?

26 **한**자 2,000자. 일본 신문을 읽으려면 대략 2천 자 정도의 **한자**를 알고 있어야 해요. 왜냐하면 일본에선 단어를 한자로 쓰기 때문이에요. 일본에서는 한자를 **간지**라고 해요.

수 세기 전에 일본 사람들은 중국의 한자를 일본의 문자로 썼어요. 지금까지도 빌려 쓰고 있지요. 한자 외에도 중국에서 유래한 것들은 정말 많아요. 차, 종이, 화분에 작은 나무나 화초를 심어 가꾼 분재와 국화마저 중국에서 일본으로 건너 온 것들이에요.
일본은 중국에서 전래된 것을 자기들만의 특색을 살려 발전시켰어요. 차를 달이거나 마시는 방식과 예의범절을 일컫는 **다도**(59-61쪽을 보세요.), **종이접기**(92-95쪽을 보세요.), **분재 가꾸기** (88-91쪽을 보세요.) 등이 그러하지요.

중국에서 문자를 빌려 오는 건 쉬웠어요. 하지만 일본 말을 전부 한자로 표기할 수는 없었어요. 일본 말 중에 한자로 표현할 수 없는 '음'이 있었고, 어떤 한자는 획수가 너무 많아서 쓰기가 불편했어요. 그래서 일본 사람들은 한자의 획을 줄이고, 일본어의 음을 표현하려고 **히라가나**와 **가타가나**를 만들었어요. '히라가나'는 일본어를 정확히 표현하려고 만든 문자이고 '가타가나'는 한자나 한문을 쉽게 읽으려고 만든 문자예요.

일본어를 쓰려면 히라가나와 가타가나와 한자를 함께 써야 해요. 히라가나와 가타가나는 한자보다 훨씬 쓰기도 쉽고 외우기도 쉬워요. 그래서 아이들은 히라가나와 가타카나를 먼저 배우고, 나중에 한자를 배워요. 하지만 '일본'을 뜻하는 한자 '日本'은 유치원에 다니는 어린이들도 잘 알고 있답니다.
일본(日本)의 첫 번째 글자

한자를 잘 아는 사람이 일본에 가면, 꽤 많은 글자들을 읽을 수 있을 거예요. 일본어에서 나무를 뜻하는 단어는 '木(나무 목)'이에요. '木(나무 목)'자가 세 개 모인 '森(나무가 빽빽할 삼)'은 '수풀'이나 '숲'을 뜻하지요. '下(아래 하)'라는 한자도 일본어에서 똑같이 '내려가다', '아래'를 뜻해요. '上(위 상)' 역시 '위', '위쪽으로', '위로 올라가다' 라는 뜻이에요.

'日(해 일)'은 일본어로 **니**라고 읽고 '해'와 '날'을 뜻해요. 두 번째 글자 '本(밑 본)'은 일본어로 **혼**이라 읽는데, '책'을 뜻해요. '本'은 일본 초등학생이라면 모두들 알고 있는 글자예요. 책마다 커다랗게 쓰여 있으니까요. **혼**은 또한 '시작되는 장소'를 뜻하기도 해요. 그래서 '니혼'은 '해가 뜨는 장소'라는 뜻이랍니다.

천황의 시간은 어떻게 흐를까?

30

일본에는 **천황**이 있어요. 천황은 일본에서 가장 높은 지위에 있는 사람으로 일본 사람들을 하나로 모으는 구심점 역할을 해요. 일본을 **천황의 나라**라고 부를 만큼 천황은 일본의 상징이에요. 일본 사람들에게 천황이 얼마나 중요한 의미인지는 일본 사람들이 시간을 재는 방식을 보면 금세 알 수 있어요.

올해는 몇 년이지요? 2017년이에요. 확실한가요? 하지만 벚꽃이 피는 나라에서는 **헤이세이 29년**이라고 합니다. 일본은 천황의 연호와 즉위 기간에 따라 올해가 몇 년인지를 말해요. '연호'는 왕이 즉위한 해에 붙이는 왕의 새 이름으로, 일본어로 **넨고**라고 해요. 천황이 살아 있는 동안에는 '넨고'로 천황을 부르지 않아요. 연도를 나타낼 때만 쓰이고, 천황이 죽은 다음에야 천황을 부를 때 '넨고'로 천황을 불러요. 2017년은 아키히토 천황이 즉위한 지 29년 된 해로 '헤이세이 29년'이라 부르지요. '헤이세이'가 아키히토 천황의 '넨고'

{ 넨 고 }

라는 건 알겠지요? 일본을 가장 오랫동안 다스렸던 천황은 **히로히토 천황**이에요. 그가 살았던 시대는 침략과 전쟁으로 가득한 시대였어요. 일본은 당시 우리나라의 국권을 빼앗아 식민지로 통치하였고, 중국을 침략해 전쟁을 벌였으며, 독일과 이탈리아와 손을 잡고 2차 세계 대전에 참전했지요. 전쟁이 끝날 무렵인 1945년 8월에 미국은 일본 히로시마와 나가사키 두 도시에 원자 폭탄을 투하했어요. 원자 폭탄은 엄청난 피해를 입혔고, 수많은 사람들이 목숨을 잃었어요. 히로히토 천황은 무조건 항복을 선포했고, 2차 세계 대전이 막을 내렸고, 우리나라도 광복을 맞이했지요.

히로히토 천황이 얼마나 오랫동안 일본을 다스렸을까요? 1926년 천황으로 즉위했을 때는 증기 기관차의 시대였고, 히로히토 천황이 죽은 1989년에 일본의 철로에는 세계 최초의 고속 전철인 신칸센이 다니고 있었지요. (140쪽을 보세요.) 어떤가요, 63년 동안이었다는 것이 금세 계산이 되었지요? 히로히토 천황의 시대는 **쇼와 시대**라고 불러요. 지금 일본에서는 히로히토 천황을 쇼와 천황이라고 부르지요. 지금의 천황인 아키히토도 이 시대가 끝나면 헤이세이 천황이라고 불릴 것이랍니다.

일본인들처럼 시간을 헤아려 볼까요? '한·일 월드컵'은 2002년에 있었어요. 일본 사람들은 '한·일 월드컵'이 헤이세이 몇 년에 열렸다고 할까요? 2017년이 '헤이세이 29년'이라고 했으니까 한번 계산해 보세요. 또, 여러분의 할아버지, 할머니는 쇼와 몇 년에 태어났을까요?
물론 일본 사람들이 비행기 표를 예약할 때는 보통 년도를 사용한답니다.

가장 중요한 건, 가족

34 **일**본도 우리나라처럼 **가족**을 중요하게 여기는 나라예요. 예전보다 부모와 아이로 구성된 핵가족이 많고, 혼자 사는 사람도 많아졌지만, 그래도 여전히 일본 사람들은 '가족'을 가장 중요하게 여겨요.

일본에서는 부모님, 특히 나이가 많은 어른들을 공경해요. 그래서 GPS 내비게이션이 장착된 지팡이와 같은 발명품들이 노인을 위해 많이 개발되었어요.

일본에선 할머니와 할아버지가 손자, 손녀를 돌보는 일은 드물어요. 대부분 여행을 하거나 서예나 **이케바나**라고 부르는 **꽃꽂이** 수업을 배우러 다니거나 골프를 치며 여유 있는 시간을 즐겨요. 젊은 시절 동안 힘들게 일했으니, 노년에는 당연히 휴식을 취해야 한다고 생각하지요.

일본은 결혼 후에 주로 남자가 일을 하고 여자들은 가사를 하며 아이를 돌봐요. 물론 결혼 후에도 일을 계속하는 여자들도 많이 있어요.

일본 어린이들은 만 여섯 살이 되면 학교에 가요. 학교는 4월에 시작되고 다음해 3월 중순에 끝나요. 방학은 2주 동안이에요. 이 외에는 겨울 방학이 2주 있고, 8월에는 한 달 동안 여름 방학이 있어요. 하지만 방학에도 아이들은 공부를 해요. 선생님들은 방학 숙제를 내 주고, 방학이 끝나면 바로 시험을 보지요.

중학교부터 대부분 학교에 갔다가 학원인 **주쿠**에 가요. 학원에서는 고등학교 입시에 도움이 될 공부나 대학 입시를 위한 공부를 가르쳐요. 밤늦은 시간까지 계속되지요. 학생들은 집에 와서도 학교와 학원에서 배운 것을 복습해야 해요. 우리나라 학생들과 크게 다르지 않은 모습이지요?

가장 가까운 가족들이 서로를 어떻게 부르는지를 보면, 일본의 가족 관계를 알 수 있어요. 나이가 많은 위의 형이나 오빠, 누나나 언니에게 동생은 존경하는 마음을 담아 존경의 어미인 '상'을 붙여 불러요. 형이나 오빠에겐 '오니상', 누나나 언니에게 '오네상'이라고 부르지요. 이는 일본 학교나 직장에서 중요하게 여기는 위계질서에서 기인한 것이에요. 가족 중에서 가장 어린 사람에게는 격식을 갖추어서 부르지 않고, 애정을 담아 이름을 부른답니다.

일본의 학생들은 모두 **교복**을 입어야 해요. 학교마다 교복의 스타일이 다르지만, 보통 일본의 교복이라 하면, 남자아이들은 목 중간까지 빳빳하게 세워진 옷깃이 달린 재킷과 바지를 입고, 여자아이들은 세일러복에 주름치마를 입어요.
특이한 건 유치원에 다니는 어린이들도 원복을 입는데 겨울에도 반바지에 무릎까지 오는 긴 양말만 신어요. 건강을 위해서랍니다.

고무로 만든 집이라고요?

38

일본의 거리를 산책하면 유리창에 **빨간 세모 표시**가 된 집을 종종 만날 거예요. 빨간 세모 표시가 붙은 유리창은 소방관들에게 그 유리창을 통해 집으로 쉽게 들어올 수 있다는 것을 알려 줍니다. 빨간 세모 표시의 유리창은 쉽게 깰 수 있는 유리로 되어 있어요. 또, 밖에서도 열리고, 소방관이 그 유리창을 깨고 들어갔을 때에 안전하게 들어올 수 있게 안쪽이 정리되어 있지요. 덕분에 소방관들은 쉽게 구조 작업을 할 수 있어요.

일본의 집들은 특수한 구조로 지어졌어요. 단층 주택부터 아주 높은 고층 빌딩까지, 지진이 났을 때 마치 **고무**로 된 것처럼 흔들리게 되어 있지요. 왜냐하면 일본은 **지진**이 잦은 나라예요. 그래서 건축가들은 지진과 같은 충격에 무너지지 않는 건물을 만들어야 했어요. 고무와 같은 특성을 가진 건축물은 지진이 났을 때 흔들림을 견딜 수 있어요. 생각해 보세요. 고무는 흔들리면 구부러질 수는

있지만 무너지진 않잖아요.

일본에선 수십 년에 한 번씩 대형 재난이 일어나기도 했어요. 2011년에 일본 동부 지역에서 일어난 대지진과 지진에 따른 커다란 해일로 **후쿠시마 원자력 발전소**가 파괴되었고, 몇 개나 되는 도시가 침몰되었어요. 빨간 세모 표시가 붙은 유리창과 고무 특성의 구조로 지어진 건축물 그리고 사람들의 침착한 대처가 아니었다면 훨씬 더 큰 피해가 있었을 거예요.

일본은 지진이 잦아서 어린이집에서부터 지진이 났을 때 어떻게 해야 하는지를 훈련해요. 학교에서도 한 달에 한 번씩 **지진**

대비 훈련을 하는데 학생들은 훈련인데도 장난을 치지 않고 침착하고 진지하게 훈련에 임해요. 그만큼 어릴 때부터 지진의 위험에 대해 잘 인지하는 것이지요.

어느 가정집이나 지진이 났을 때 바로 챙겨 나갈 수 있도록 꼭 필요한 물품들만 넣어 둔 **비상 가방**이 있어요. 가방 안에는 굴병과 손전등, 담요, 통조림, 휴지, 라디오 등이 들어 있답니다.

지구의 표면은 판이라고 불리는 크고 작은 조각으로 나눠져 있어요. 이 판들은 서로 잘 맞지 않아요. 계속 움직이면서 서로 부딪히지요. 일본은 이런 판들이 4개나 붙은 곳에 위치해 있어요. 그래서 지진이 자주 일어나는 거예요. 바다 속에서 일어난 판들의 충격으로 거대한 파도인 '쓰나미'도 일어요. '쓰나미'는 일본 말로 '지진 해일'을 말해요. 보통 몇 미터에서 몇 십 미터의 높이까지 된 파도로 기록을 보면 몇 백 미터짜리 높이의 쓰나미도 있었다고 합니다.

타 탄 비

다다미에 앉아 식사해요

일본의 전통 주택은 방바닥에 짚으로 엮은 돗자리를 깔아요. **다다미**라고 하지요. 다다미는 볏짚이나 왕골, 부들이란 이름의 풀을 엮어서 만듭니다. 그래서 다다미에선 막 베어 놓은 지푸라기 냄새가 나요.

옛날에는 어느 집에나 다다미가 있었지만 지금은 일반 주택에서 다다미를 보기가 드물어요. 하지만 여전히 일본 사람들은 방 크기를 잴 때 몇 장의 다다미가 깔릴 수 있는지로 크기를 재어요. '원룸 대여. 다다미 넉 장 반. 주위 환경 좋음.'이라고 적힌 신문 광고를 보면 쉽게 알 수 있지요. 다다미 한 장은 가로가 90센티, 세로가 180센티인 직사각형 모양이에요.

일본 사람들은 다다미방에 얇은 **요**를 깔고 잤어요. 요는 아침가다 개어서 장롱에 두었지요. 옛날 사무라이들은 다다미 위에서 그냥 잤다고 해요.(118쪽을 보세요.) 일본 사람들은 전통적으로 **상** 위에 음식을 차리고 식사를 해요. 상은 여러분도 잘 알다시피 좌식용이에요. 대부분 상을 쓸 때, 양반 다리를 하고 앉지만, 어떤 집에서는 다리가 없고 등받이만 있는 의자를 쓰기도 하지요.

겨울에는 상 아래에 전기 난방기가 달려 있는 **코타츠**를 씁니다. 코타츠는 상 위로 담요를 펼쳐 덮어서 난방기의 온기가 밖으로

현대 일본 건축가들은 독창적인 아이디어로 전통과는 거리가 먼 새로운 형태의 건물들을 짓는답니다.
건축가 수 푸지모토는 투명한 집을 설계했어요. 투명한 집은 도쿄에 있어요. 모두 서로 다른 높이로 층이 지어졌어요. 어떤 층은 컴퓨터 게임의 주인공처럼 껑충 뛰어서 층을 오르고, 어떤 층은 사다리를 타야만 오를 수 있답니다.

빠져나가지 못하게 해요.
겨울에 코타츠 아래 발을 넣으면 꽁꽁 언 다리가 금세 풀린답니다.

일본에는 중앙난방을 하는 곳이 거의 없어요. 중앙난방은 건물 한곳에 보일러를 설치해서 건물 곳곳에 따뜻한 물과 바람을 보내는 난방 방식이에요. 만약 일본에 중앙난방 시설이 있다면 지진이 발생하면(38-41쪽을 보세요.) 뜨거운 물이 찬 파이프들이 모두 터져버렸을 거예요.

일본 사람들은 보통 **온풍기**를 사용해서 집 안의 공기를 데워요. 겨울에 그리 춥지 않아도, 집 안에 난방이 충분치 않아서 덜덜 떨 수도 있답니다.

양말을 신은 도둑

46 **일**본의 도둑은 남의 집을 침입할 때도 신발을 벗고 가지런히 정리한 후에야 들어간다고 합니다. 일본에서는 남의 집에 신발을 신고 들어가는 것처럼 큰 실례가 없기 때문이지요. 운동화도 에나멜 구두도, 장화도 모두 문지방 아래 벗어 두고 집 안에 들어서야 합니다. 양말도 꼭 신어야 하고, 손님을 위해 마련한 슬리퍼가 있다면 슬리퍼를 신고 들어갑니다.

일본은 누군가와 만나고 헤어질 때 고개를 숙여 인사를 해요. 어릴 때부터 고개와 몸을 굽혀 예의 바르게 인사하는 법을 배워요. 머리만 숙이는 것으로는 충분하지 않아요. 허리 위까지 전부 굽혀야 합니다. 집을 나설 때는 **잇테키마스**라고 해요. '다녀오겠습니다.'라는 뜻입니다. 학교나 직장에서 돌아올 때는 **타다이마**, '다녀왔습니다.'라고 합니다. 그럼 집 안에 있는 가족들은 이렇게 말하지요. **오카에리**, '어서 와!'라고요.

일본에서는 뭘 먹으면서 뛰어가는 사람을 보기 드물어요. 버스나 지하철에서도 마찬가지예요. 일본 사람들은 음식은 상이나 식탁에 차려 앉아서 먹는 것이 예의라고 생각해요. 물론 젓가락을 사용해서요.

젓가락질은 서양 사람들에게는 쉬운 일이 아니에요. 하지만 일본 사람들은 젓가락을 주로 사용해서 젓가락질을 못하는 일본 사람은 거의 없지요. 일본의 식사 예절을 보면, 젓가락으로 장난을 치면 절대 안 돼요. 음식에 젓가락을 꽂아서 먹는 일도, 젓가락으로 무언가를 가리켜서도 안 됩니다. 하지만 음식을 먹을 때 후루룩 소리를 내거나 쩝쩝 소리를 내는 것은 아주 맛있게 먹는다는 뜻으로 좋다고 생각한답니다.

일본은 우리나라처럼 밥을 주로 먹고 젓가락과 숟가락을 쓰지만 음식 예절은 크게 달라요. 무엇이 다르냐고요? 우리나라에선 밥공기를 들고 먹거나, 입을 그릇에 대고 젓가락으로 음식을 밀어 넣는 모습을 좋게 보지 않아요. 올바른 식사 예절에 어긋난다고 생각하지요. 하지만 일본은 밥공기를 들고 먹어요. 입을 밥공기 가장자리에 대고 젓가락으로 음식을 밀어 입으로 넣지요.

일본에서는 정도와 나이에 따라 인사하는 방법이 달라요. 잘 아는 친구나 동갑의 가까운 사람에게는 손을 흔들며 인사해요. 자기보다 나이가 많고, 잘 모르는 사람에게 여자들은 손을 앞으로 모으고 몸을 숙여 인사를 해요. 남자는 손을 몸 옆에 붙이고 인사해요. 존경하는 사람이나 천황과 같은 높은 지위의 사람에게는 몸을 아주 많이 굽힌 채로 몇 초 동안 가만히 있지요.

기억해야 할 일본의 예절이 하나 더 있어요. 일본의 가정집을 방문했을 때, 화장실 문 앞에 **화장실용**이라고 적힌 슬리퍼를 보면 고민하지 말고 화장실용 슬리퍼로 갈아 신고 화장실에 들어가세요. 물론 화장실에서 나올 때는 꼭 벗어야 해요. 집 안에서 화장실용 슬리퍼를 신고 돌아다니면 큰일이랍니다.

그럼 처음으로 돌아가, 일본의 도둑은 남의 집에 침입할 때도 신발을 벗는다는 것이 사실일까요? 정답은 글쎄요, 한 가지 확실한 건 일본은 세상에서 안전한 나라 중 하나라는 사실입니다.

함께 목욕할래요?

50 **일**본은 목욕 문화가 발달했어요. 온천도 유명하고 동네마다 대중목욕탕도 있어요. 하지만 집에서 목욕하는 것을 즐긴답니다. 이러한 일본의 목욕 문화를 **오후로**라고 불러요. '오후로'는 '목욕'이라는 뜻으로 일본의 전통 욕조를 가리키는 말이기도 해요. 오후로는 동그란 모양으로 성인 남자가 안에 앉으면 머리만 빼꼼히 보일 만큼 속이 깊어요.

일본에서는 같이 목욕하는 걸 즐겨요. 엄마와 아빠가 아이들과 함께 욕조에 앉아 있는 풍경이 전혀 이상하지 않아요. 매일 목욕을 즐기니, 가정에서는 목욕물을 한 번 받고, 나이가 많은 어른부터 차례로 욕조에 들어가 목욕을 하고 나오기도 해요. 더러울 것 같다고요? 그렇지 않아요. 왜냐하면 매일 목욕을 하는데다 욕조에 들어가기 전에 꼭 몸을 비누칠해서 씻으니까요.

일본 사람들은 **대중목욕탕**도 많이 이용해요. 좁은 집에 욕조가 없어서 가기도 하고, 친구나 가족끼리 놀러 가기도 해요. 목욕도 하고 음식을 주문해 먹을 수 있는 대중목욕탕도 있답니다.

우리나라의 대중목욕탕처럼 일본의 대중목욕탕은 남탕과 여탕으로 나뉘어져 있어요. 들어가는 입구도 다르고, 탈의실과 탕도 달라 남녀가 서로 보지 못하게 되어 있어요. 입구에 쓰인 한자 **女**와 **男**자를 잘 보고 들어가야 해요.

다른 사람들과 함께 목욕하는 것이 낯선 문화권에서 온 여행자에게 대중목욕탕을 체험하는 일은 고역일 거예요. 탈의실에서 옷을 벗는 일도 쉽지 않을 테고, 벌거벗은 채로 목욕탕 안으로 들어가 목욕하는 일도 어려울 거예요. 하지만 주변에 발가벗고 아무렇지 않게 돌아다니는 사람들을 보면 조금씩 대중목욕탕에 익숙해질 것입니다.

일본의 화장실은 정말 편리해요. 작은 국수 가게에 있는 화장실만 해도 화장실에 들어가면 자동으로 조명이 켜지고, 자동으로 뚜껑이 내려가지요. 또한, 기온에 따라 온도가 조절되는 변기, 엉덩이를 씻어 주고 말려 주는 비데 등이 구비되어 있어요. 어떤 곳은 다른 사람들에게 화장실에서 나는 소리가 들리지 않도록 작게 음악 소리가 나오거나 시냇물 소리가 나는 곳도 있답니다.

이타다키마스!
잘 먹겠습니다!

54 **일**본 음식이라고 하면 어떤 음식이 가장 먼저 생각나나요? 스시라고 불리는 초밥이겠지요?
스시는 이제 세계적으로 유명한 음식이에요. 스시의 역사는 길어요. 700년경의 나라 시대로 거슬러 올라가 볼까요?

최초의 스시는 지금과는 전혀 다른 모양이었어요. 옛날에는 냉장고가 없어서 생선이나 새우, 굴, 오징어, 낙지 같은 해산물이 금방 상했어요. "어쩌면 좋지?" 어부들과 요리사들 그리고 맛있는 요리를 좋아하는 사람들이 모두 고민했습니다. 그러다 누군가 좋은 방법을 생각해 냈어요. 생선과 해산물을 밥과 섞어 나무통에 넣어 절이는 방법이었어요. 1년쯤 지나 꺼내 보니 오이 피클 같은 냄새가 났지만 해산물과 밥 모두 먹을 수 있었어요. 이처럼 해산물을 밥과 함께 보관해 먹을 수 있는 좋은 방법이 스시의 기원이지요.

이러한 전통적인 방법은 **식초**가 발명되기 전까지 쓰였어요. 정말 다행이에요. 맛있는 스시를 먹으려고 1년이나 기다릴 필요 없이 식초만 넣으면 되니까요. 오늘날 우리가 알고 있는 스시는 19세기에 **하나야 요헤이**란 요리사가 생각해 냈어요. 밥을 손가락 두 개 정도의 크기만큼 뭉쳐서, 그 위에 연어(**사케**)나 장어(**우나기**), 새우(**에비**) 등의 해산물이나 계란말이(**타마고**)를 얹었어요. 지금의 스시와 같은 모양이지요. 그런데 세계적으로 인기를 얻은 것은 우리나라의 김밥처럼 김에 밥을 깔고 구운 연어나 연어 알이나 성게, 참치, 날치, 낫토, 오이 등을 넣고 돌돌 만 **마키즈시**랍니다.

어떤 일본의 음식들은 조금 무섭답니다. 예를 들어 회를 쳤는데도 입을 움직이는 생선 머리 잘게 잘랐는데도 접시 위에서 움직이는 낙지 다리 같은 것 말이에요. 또, 맛은 아주 좋지만 독 때문에 잘못 먹으면 죽을 수도 있는 요리도 있어요. 복어 요리지요. 복어에는 독이 있어서 경험이 많고 자격증이 있는 요리사만이 복어에 독을 분리해 요리할 수 있어요. 우리나라도 마찬가지예요. 여러분은 이런 요리들을 먹어 볼 용기가 있나요?

스시를 먹을 때 스시의 맛을 온전히 즐길 몇 가지 방법이 있어요. 기본적으로 맛이 담백한 흰 살 생선부터 맛이 진한 붉은 살 생선 순으로 스시를 먹어요. 달걀말이나 마키즈시처럼 단맛이 나는 스시를 먼저 먹으면 다른 스시의 맛을 온전히 느끼지 못한다고 해요. 그리고 스시를 와사비 간장에 찍어 먹을 때는 밥은 간장에 적시지 않도록 해요. 성게가 들어간 마키즈시를 먹을 때는 안에 든 오이만 빼서 간장을 묻힌 후에 제자리에 다시 넣고 먹으면 되어요. 소스가 발라진 장어는 간장에 찍지 않고 먹지요.

일본 음식은 스시 외에도 **오코노미야끼**가 유명해요. 우리나라의 부침개와 비슷하지요. 오코노미야끼는 자기가 좋아하는 재료를 올리고 만들어 보라는 뜻이에요. 냉장고를 열고 먹고 싶은 것을 뭐든 꺼내 보세요. 버섯, 햄, 새우, 양배추 등 좋아하는 재료를 잘게 썰고, 밀가루에 참마 갈은 것과 다시 국물을 넣어 반죽 재료를 만들어요. 그런 후에 미리 준비한 재료와 반죽을 섞고, 철판에서 부치면 되지요. 얇게 저민 돼지고기와 치즈를 넣어도 맛있답니다. 간은 돈까스 소스나 간장, 마요네즈로 해요. 오코노미야끼는 오사카가 대표적인데 히로시마의 오코노미야끼도 유명하답니다. 먹을 때는 **'이타다키마스!'**, 맛있게 드세요!

다도의 나라

'차' 이야기를 하려면 중국의 전설부터 알아봐야 해요. 전설 속의 황제 **신농**은 물을 따뜻하게 끓여 마시는 것을 좋아했어요. 어느 날 바람이 불어 뜨거운 물이 담긴 냄비 속으로 나뭇잎 몇 장이 들어갔어요. 그러자 물이 황금색으로 변하고 향기로운 냄새가 피어났어요. 그렇게 만들어진 음료는 아주 신선한 맛이었지요. 이것이 바로 최초의 차예요.

차는 일본에 4세기쯤 전에 전해졌어요. 그리고 차를 끓이는 일은 일본에서 시를 쓰거나 음악을 작곡하는 일만큼이나 중요한 예술이 되었어요.

녹차는 유럽에서 마시는 홍차와는 맛이 달라요. 흥미로운 사실은 홍차가 실수로 만들어진 차라는 거예요. 인도에서 영국으로 운송하던 녹차의 색깔이 검어지면서 이상한 냄새가 나기 시작했어요. 그럼에도 불구하고 수입업자들은 돈 때문에 이 차를 팔았답니다. 영국 사람들은 뭔가 이상하다는 점을 깨닫지 못한 것뿐만 아니라, 새로운 맛이라며 좋아하게 되었답니다.

차는 중국에서 들여왔지만 일본은 독자적인 차에 대한 예법을 만들어 발전시켰어요. **다도**라고 하지요. 일본에서 다도는 절대적인 아름다움을 향한, 끝이 없는 예술이에요. 다도를 즐기는 사람들은 언제나 더 완벽한 아름다움을 위해 노력해요. 차의 맛도 중요하지만 얼마나 아름답게 차를 마시는 예식을 이끄는지도 중요해요. 주인은 손님들을 차를 마시는 방인 **다실**로 초대한 후에, **다완**이라고 부르는 찻잔에 녹차 가루와 뜨거운 물을 붓고 대나무를 잘게 잘라 만든 **다센**으로 잘 저어요. 젓다 보면 거품이 올라와요. 차가 완성되면 주인은 손님들의 찻잔에 차를 나눠 주고 서로 인사를 나눈 후에 차를 마십니다. 손님들이 차를 다 마신 후에야 주인은 차를 마셔요.

차를 마시는 공간도 차의 맛만큼 중요해요. 방의 분위기와 크기는 적당한지, 방에 걸린 족자와 꽃 장식이 차를 마시는 공간과 조화를

이루는지 등을 보지요. 또한 어떤 그릇과 어떤 도구를 쓰는지도 아주 중요해요. 이에 따라 다도를 행한 이의 수준을 짐작하거든요. 옛날 일본 사람들은 우리나라 조선과 중국의 도기를 으뜸으로 쳤어요. 지금도 다도를 하는 사람들은 오래된 다기를 아주 귀하게 여겨요.

일본 사람들이 가장 아름다운 다기로 여기는 것은 밥공기처럼 생긴 수수한 도양의 막사발이에요. 위쪽이 삐뚤빼뚤하기도 하고, 색이 고르게 되어 있지도 않고, 어떤 건 조금 갈라진 것들도 있어요. 마치 오랫동안 햇볕과 비바람을 맞은 것처럼요. 이런 수수한 스타일을 **와비 사비**라고 합니다.

일본의 전통 의상, 기모노

20세기 초에 역사상 유례없이 전 세계적으로 유행한 옷이 있어요. 바로 **티셔츠**예요. 알파벳 T자처럼 생겼다고 해서 티셔츠라고 부르지요. 티셔츠는 전 세계 모든 사람이 나이, 성별, 스타일에 상관없이 입는 옷이에요. 게다가 티셔츠는 값싸게도 살 수 있어요. 그런데 사실 T자 모양의 옷은 일본에서 몇 백 년 전에 먼저 유행했어요. 바로 일본의 전통 의상인 **기모노**지요.

기모노는 일본의 대표적인 상징 중의 하나예요. 발목까지 내려오는 긴 옷에 길고 넓적한 소매가 통으로 달려 있고 목 부분에 얇은 깃이 달려 있지요. **기모노**는 한자로 쓰면 '입는 것'이라는 뜻이에요. 몇 세기 전에 일본인들은 모든 옷을 기모노라고 불렀어요. 그러다 1868년에 서구 문물을 받아들이면서 일본에 서양 옷이 전해졌고, 일본 사람들은 양복과 원피스, 중절모와 같은 서양 의복을 입기 시작

했어요. 그 후 기모노는 일본 전통 의상을 가리키는 말이 되었지요. 여자와 남자의 기모노는 똑같은 방법으로 만들어요. 비단을 몇 개의 직사각형 모양으로 잘라 만들지요. 물론 성별에 따라 천의 색과 패턴(손으로 천에 직접 그리기도 해요.)은 달라요. 계절에 따라서도 다르지요. 봄엔 벚꽃 무늬로, 가을엔 단풍 무늬로 만들 듯이요.

기모노는 입는 방법이 까다로워요. 여자 기모노를 전통적인 방식으로 입으려면 전문적으로 기모노 입는 법을 알고 있는 사람의 도움이 필요할 정도랍니다. 기모노를 입을 때는 헐렁한 옷을 먼저 입고 그 위에 기모노를 입는데 가장 어려운 건 매듭을 묶는 일이에요. 여러 종류의 끈이 필요하고, 가장 마지막에 몇 미터나 되는 길이의 **오비**라는 띠로 허리를 감싸고 등 뒤에 리본을 묶어요. 기모노는 '오비'만 해도 굉장히 비싸답니다.

또, 여자 기모노는 발목까지 타이트하게 내려와서 걸을 때 보폭이 굉장히 좁아져요. 그래서 신경 쓰고 걷지 않으면 넘어지기 일쑤랍니다.

기모노는 옷값도 비싸고, 입기도 쉽지 않고, 걸을 때도 불편해서 일본 거리에서 기모노를 입은 사람을 보기는 쉽지 않아요.

일본 사람들이 기모노보다 더 자주 입는 것은 유카타예요. 유카타는 면으로 되어 있고, 기모노보다 얇고 편하고 값도 싸요. 기모노와 유카타를 구별하기 위해서는 다리를 보면 되어요. 만약 발뒤꿈치와 맨발이 보이면, 그건 유카타예요. 기모노는 땅까지 닿는 길이라, 우리나라의 버선처럼 하얀 '타비'를 신은 발과 커다란 발가락 부분만 보이지요. 유카타를 입으면 게타를 신거나 조리를 신을 수도 있답니다.

특히 바쁘고 현대적인 도쿄에서는 더 그렇지요. 전통 복장을 한 일본 사람들은 교토나 나라에서 더 쉽게 만날 수 있어요. 매일 기모노를 입는 나이 많은 우아한 부인이나, **스모** 선수(112쪽을 보세요.)들도 있답니다. 보통 일본 사람은 기모노를 명절이나 결혼식, 다도 여절(59-61쪽을 보세요.) 때, 아니면 **시치 고 산** (74-75쪽을 보세요.) 때 입을 뿐이에요. 물론 청바지나 티셔츠를 더 좋아하면서 절대로 전통 의상을 입지 않는 사람들도 있답니다.

축제를 즐겨요!

66

나라 전체가 들썩이는 성대한 축제부터 각각의 도시와 마을에서 벌이는 작은 축제까지, 일본은 축제 문화가 발달했어요. 그래서 일본 사람들은 매우 분주하게 일하면서도 축제를 즐길 시간을 꼭 남겨 둬요. 축제는 일본 말로 **마츠리**예요.

일본 각 지역 특색에 맞춘 개성 있는 축제를 즐기려고 일부러 축제일에 맞춰 일본으로 가는 사람들도 있어요. 얼마나 재미있기에 그러냐고요? 예를 들면 오사카에는 매년 1월마다 **도야도야 마츠리**라는 축제가 열려요. 벌거숭이들의 대행진이라고도 하지요. 한겨울의 추위 속에서 청년들이 빨간색, 흰색 훈도시만 입고 엉덩이와 몸을 그대로 내놓은 채 사원을 향해 달려가요. 사람들은 이들을 향해 차가운 물을 뿌리고, 청년들은 사원에 재빨리 도착해서 공중으로 날린 종이를 잡아야 해요.

종이를 잡은 사람은 앞으로 일 년 내내 운이 좋다고 합니다.
아이들이 가장 좋아하는 축제는 2월에 있는 **유키 마츠리**로
삿포로에서 하는 '눈 축제'입니다. 눈과 얼음으로 만든 조각이
전시된 야외 전시장에서는 에펠탑도, 자유의 여신상도, 동화 속의
주인공들과 성과 궁전들도 볼 수 있어요. 가장 커다란 조각 앞에서
콘서트가 열리고, 아이들은 이글루에서 놀거나 얼음으로 만든
미끄럼틀을 탈 수도 있어요.

5월이면 일본의 옛 수도인 **교토**에서 성대한 **아오이 마츠리**가 열려요. 500명도 넘는 사람들이 용감한 사무라이나 천황의 신하 차림을 하고 거리를 걷지요. 전통적인 일본 의상인 기모노를 원 없이 볼 수 있어요.

8월에는 **아오모리**에서 **네부타 마츠리**를 구경할 수 있어요. 네부타 마츠리는 종이로 만든 거대한 '등 축제'예요. 등의 모양은 정말로 다양해요. 사무라이, 용, 도깨비 등등, 아오모리의 시민들이 일 년 내내 이 축제를 준비해요. 축제일에는 불꽃놀이가 펼쳐지며 북소리와 함께 거대하고 환하게 빛나는 각종 모양의 등을 멘 남자들이 거리를 행진해요. 대부분의 마츠리에는 일본의 전통 신앙인

신토(18쪽을 보세요.)가 영향을 끼치고 있어요. 그래서 대부분의 마츠리는 그 지역 사원과 연계해 행사를 진행하거나, 나쁜 혼령을 몰아내고 행운을 불러오는 특이한 행동들을 하는 것이랍니다.

신사에서는 전통 혼례도 치를 수 있어요. 하지만 장례식은 절에서 해요. (신토 신자이면서 불교 신자일 수 있어요. 부처님을 믿으며 일본의 전통적인 신에게 경의를 표할 수 있답니다.) 신사와 절을 어떻게 구분하느냐고요? 이름으로 구분할 수 있어요. 만약 이름에 **진구**나 **진자**라고 되어 있으면, 신사예요. 하지만 이름에 **테라**, **데라**, **지**, 아니면 **인**이 있으면, 그건 절이에요. 건물을 구별하는 것은 좀 더 어려워요. 왜냐하면 서로 다 비슷해 보이니까요. 하지만 신사에는 빨간색이거나 오렌지 색의 대문인 '토리이'가 있다는 걸 기억하면 좋아요. 토리이는 두 개의 기둥이 하늘로 올라가는 날카로운 곡선을 그리는 지붕과 평행한 서까래로 이어져 있는 형태예요. 이런 다문을 지나면 우리는 이미 신들과 가까이 있는 것이랍니다.

어린이를 위한 날이 단 하루라고요? 너무 짧아요!

늦은 봄, 일본 전역에 둥근 입을 벌린 **잉어**들이 장대에 매달린 채 베란다와 지붕에 나타나요. 진짜 잉어는 아니지요. 천이나 종이로 만든 잉어예요. 안쪽은 비어 있어서 바람이 들어가면 부풀어 올라요. 일본인들은 이 잉어를 **탄고노셋쿠**, 그러니까 **남자아이의 축일**을 기념해서 매달아 놓아요. 남자 아이의 축일은 5월 5일이에요. 이 날은 국경일이라 일도 쉰답니다. 그런데 남자아이를 위한 날에 왜 하필 잉어냐고요? 잉어는 용감하고, 힘이 세고, 어려움을 잘 견디는 물고기로, 목적지에 도달하기 위해서는 물의 흐름을 거슬러서도 헤엄을 치며 앞으로 나아가기 때문이에요. 일본 사람들은 남자아이가 잉어처럼 힘도 세고 에너지가 넘치기를 원했어요. 남자아이 축제의 다른 상징은 **사무라이 투구**와 **무기**예요. 가지고 노는 장난감은 아니고, 집에 장식품으로 쓰는 것이에요.
그럼 **여자아이를 위한 축일**은 없냐고요? 여자아이도 축일이

탄 고 노 셋 쿠

있어요. 그건 **히나마츠리**, 3월 3일에 있는 인형들의 축제예요. 축제 며칠 전부터 여자아이 집에는 천황과 천황의 부인 인형, 신하 인형까지 모두 아름답게 반짝이는 기모노를 입고 등장합니다.
이 인형들도 가지고 노는 용은 아니에요. 며칠 동안 집에 전시되었던 이 인형들은 다시 상자 속에서 내년을 기다리게 된답니다.

하지만 이게 다는 아니에요. 11월 15일에는 **시치고산**, 7살, 5살, 3살을 맞은 아이들의 축일이 있어요. 일본말로 시치는 7, 고는 5, 산은 3이에요. 이 숫자들은 그냥 고른 것은 아니에요. 일본 사람들은 **홀수**가 재수가 좋다고 생각한답니다. 그래서 시치고산 날에 부모님들은 아이들에게 기모노를 입히고 함께 사원으로 가요.

일본 어린이에게 시치고산 날은 굉장히 중요한 날이에요. 그래서 이 날 찍은 사진은 액자에 넣어 집에서 가장 잘 보이는 장소에 진열해 놓지요. 또 하나, 아이들은 거북이나 학이 그려진(장수의 상징이지요.) 긴 종이 봉지를 받는데, 그 안에는 행운을 가져오는 단것들이 가득 들어 있답니다.

'학은 천 년을 살고, 거북이는 만 년을 산다.'고 일본 사람들은 말해요. 다음은 일본의 민담이에요. 어느 날, 젊은 어부인 타로 우라시마는 거북이를 구해 주었어요. 보답으로 거북이는 타로를 바다 밑 왕국으로 데려갔어요. 그곳에 도착하자 거북이는 공주로 변했어요. 조금 시간이 지나고, 타로가 어머니를 그리워하며, 뭍으로 돌아가기를 원했어요. 공주는 헤어지며 선물로 상자를 하나 주었는데, 절대로 안은 들여다보지 말라고 경고했어요. 하지만 바다에서 나오자마자 타로는 깜짝 놀랐어요. 육지의 시간이 300년이나 흘러가 버린 거예요. 타로의 어머니는 물론 타로가 아는 사람들은 한 명도 보이지 않았지요. 절망에 빠진 타로는 도대체 뭘 해야 할지 몰라, 공주가 준 상자를 열었어요. 그랬더니 총년이었던 타로가 순식간에 늙었어요. 상자 속에는 타로가 육지에서 보내지 못한 '시간'이 들어 있었던 것이지요.
그 후, 바람이 타로에게 깃털을 날라다 주고, 타로는 아름다운 학으로 변했답니다.

종이 울리면 새해예요!

일본 사람들이 가장 중요하게 여기는 축제일은 **오쇼가츠**, 설날이에요. 일본은 한 해의 첫날인 1월 1일을 설날 명절로 보내요. 우리나라와 마찬가지로 일본에서도 설날은 나라 전체의 큰 명절이에요.

일본의 설날 풍경을 살펴볼까요? 우리나라에선 설날에 가족이 모이면 윷놀이를 하는데, 일본에서는 **카루타**를 해요. 카루타는 일본 고유 시인, **와까** 100수가 적힌 카드로 하는 카드놀이예요. 보통 두 팀으로 나눠 게임을 하는데, 50장의 카드를 두 팀이 나눠 갖고 카드에 적힌 시구가 잘 보이게 바닥에 카드를 늘여 둡니다.

새해가 오기 전에 일본 사람들은 꼭 대청소를 해요. 12월의 마지막 날에는 집, 사무실, 관공서, 학교, 곳곳에서 청소기의 소음이 들려오죠. 그리고 문 앞에는 '카도마츠'라고, 소나무 가지와 대나무를 잘라 볏짚으로 묶은 장식을 둡니다. 친척과 친구들에게는 연하장을 보내는데 손으로 정성껏 써서 보내지. 붓으로 쓴 카드라면 더욱더 좋아요. 설 근처가 되면 일본의 우체국에서는 수만 장의 연하장을 배달하느라 바쁘답니다.

진행자가 100수의 시 중 한 시를 무작위로 읊으면 그다음에 이어지는 시구가 적힌 카드를 상대방보다 빨리 찾아내서 밖으로 던져 내는 게임이에요. 상대방보다 많은 카드를 찾은 사람이 우승한답니다.

새해를 맞이하기 전날인 12월 31일 저녁에 일본 사람들은 메밀국수, **토시코시소바**를 먹어요. 이빨로 뚝뚝 잘 끊어지는 메밀국수처럼 나쁜 운이 뚝뚝 떨어져 나가고, 가늘고 긴 국수 가락처럼 장수하기를 바라는 뜻으로 먹지요. 1월 1일에는 **오조니**라는 떡국을 먹어요. 생선이나 고기로 육수를 낸 국물에 야채와 구운 떡을 넣어서 만들지요. 우리나라 떡국과 달리, 일본은 네모난 모양으로 두툼하게 썬 찰떡을 구워서 넣어요.(동그란 모양도 있어요.) 그리고 미리 준비해 둔 **오세치 요리**를 먹습니다. 일본에서 설날은 '오곡을 다스리는

신'들을 새로 받아들이는 날이므로, 경건하게 신을 맞이해야 한다고 생각해요. 그래서 설날에 불을 피우고 요리를 해선 안 된다며 미리 준비한 도시락을 먹어요. 정사각형 모양의 찬합 뚜껑을 열면 아름답게 꾸민 음식들이 칸칸이 가득하지요.
복을 상징하는 검은 콩 조림, 풍작을 뜻하는 멸치 볶음, 장수를 뜻하는 새우, 재물 운을 뜻하는 밤, 지혜를 뜻하는 연근 등이 대표적인 오세치 요리랍니다.

일본 설날에 빠질 수 없는 것이 선물이에요. 아이들은 **오토시다마**라고 하는 봉투에 넣은 세뱃돈을 받아요. 보통 용돈보다 많은 돈이 들어 있답니다. 새해 명절이 끝나면 아이들은 직접 이 돈으로 무엇을 할지 결정합니다.

검은 동그라미

80 **검**은 동그라미 그림이에요. 무엇을 그린 걸까요? 눈사람 그림을 그리다가 만 걸까요? 이 그림은…… 놀라지 마세요. 하얀 종이 위에 커다란 붓으로 휙 그린 이 동그라미 그림은 일본에서 굉장한 걸작으로 인정받은 그림이에요. 보통 잘 그린 그림이라고 하면 마치 사진을 찍은 것처럼 현실을 그대로 옮겨 그린 것만 같은 세밀한 그림이나, 커다란 캔버스 가득 화려하고 아름다운 색이 흩뿌려진 그림을 생각할 거예요. 누구나 그릴 수 있을 것처럼 보이는 이 그림이 왜 그리 특별한 걸까요?

검은 동그라미 그림은 **원상**이라고 해요. 일본어로 **엔소**라고 하지요 우리나라의 전통 수묵화처럼 먹으로 그린 그림이지요. 수묵화는 밑 그림을 그리지 않아요. 또, 그린 다음에 지울 수도 없지요. 검은 동그라미 그림은 붓이 종이에 닿는 순간, 단 한 번의 붓질로 그려졌어요. 자도 컴퍼스도 쓰지 않았고요.

모든 **원상**은 다시 그릴 수 없는 그림이에요. 아무리 그림을 잘 그리는 대가라 해도 똑같은 모양의 **원상**을 그릴 수 없지요. 그래요, 바로 이 점이 검은 동그라미 그림의 특별한 점이에요. 원상은 사찰 장식의 하나로, 일본에서 **성**과 **절**, **사찰**에 주로 그려져 있어요. 우리나라에선 선비나 양반집 자제가 수묵화를 주로 그렸는데, 일본에선 불교를 믿는 스님들이 주로 그렸어요. 수묵화를 그리는 건 스님들에게 기도나 명상의 한 종류이자,

수묵화를 그릴 때는 즉흥성이 중요해요. 그렇다고 수묵화가 마음 가는 대로 그려도 되는 것은 아니에요. 앞에서 이야기했듯이, 수묵화는 밑그림을 그릴 수도 없고, 한 번 그린 선은 지울 수가 없어요. 그러니까 수묵화를 그릴 때는 그 순간에 집중해야 해요. 붓을 잡고 그리는 순간에 내쉬는 숨결의 떨림도 붓을 통해 그림에 그려진답니다. 수묵화를 그릴 때 붓은 연필처럼 아래쪽을 잡기보단 주로 위쪽을 잡아 그려요. 그래야 손목만이 아닌 팔을 전체 움직여서 큰 획까지 맘껏 그릴 수 있답니다.

아름다운 세상에 대한 감탄이었어요. 검은 먹으로만 그림을 그렸지만, 먹의 농도를 조절해서 입체적인 느낌도 살리고, 원근감도 느낄 수 있었지요.

스님들은 이런 수묵화에 짧은 글을 쓰기도 했어요. 예를 들어 **하이쿠** 같은 시들이지요. (90쪽을 보세요.) 농담을 하는 것도 좋아했어요. 가끔은 불교의 옛 전설에 나오는 인물들을 그려 넣거나 머리단 커다란 비실비실한 수도자를 그려 넣기도 했지요. 불교에서는 농담도 기도가 될 수 있답니다.

나무로 만든 로봇, 분라쿠

84

일본의 전통 인형극을 소개합니다. 300년 전통의 **분라쿠**입니다. 분라쿠 무대를 보면 인형 뒤로 까만 두건을 쓰고 까만 옷을 입은, 얼굴까지 까만 천으로 가린 사람들이 보여요. **인형 조종사**들이지요. 이들은 무대에서 주의를 끌지 않으려고 노력해요. 하지만 인형 조종사들 없이는 인형극을 할 수가 없어요.

인형 하나에 세 명의 인형 조종사가 붙어 인형을 실감나게 움직여요. 한 사람은 인형의 하체를 맡는데, 여자 역할의 인형을 움직일 때 가장 바쁘답니다. 나무 인형에 다리가 없어서 인형 조정사가 몸을 구부리고 인형 옷 밑에 주먹 쥔 팔을 넣고 다리 움직임을 표현해야 해요. 그런데 여자 인형일 때는 종종걸음을 흉내 내야 하니 쉽지 않은 거죠. 또 다른 사람은 나무 인형의 머리와 팔을 움직이는데, 쉬어 보인다고요? 글쎄요. 보통 10년 동안은 열심히 배워야만 한다고 합니다. 줄과 철사와 끈이 복잡하게 연결된 장치를 이용해서 인형의

눈썹을 치켜 올리거나, 왼쪽과 오른쪽으로 고개를 돌리기도 하고, 혀를 내밀고 그개를 끄덕일 수도 있어요. 남은 인형 조정사는 인형의 왼손을 맡습니다. 300년 전에 만들어진 인형인데도, 몸과 얼굴을 움직이게 하는 장치들이 **로봇**처럼 정교하대요. 겉모습도 진짜처럼 보이려고 사람의 머리카락을 붙이기도 하고, 비단과 천으로 옷을 만들어 입혔어요. 어깨와 등뼈는 대나무나 다른 나무로 만드는데 가끔 철제로 만들기도 합니다.

인형극 배우들은 목각 인형을 움직여서 살아 있는 것처럼 생명을 불어넣지만, 인형의 목소리를 내지는 않아요. 목소리는 무대 B-로 옆에 무릎을 꿇고 앉아 있는 성우가 낸답니다. 소리를 지르기도 하고, 우혹하기도 하고, 비명을 지르기도 하지요. 이야기라기보다는 노래에 더 가까워요. 성우 옆에는 세 개의 현을 가진 목이 긴 악기인 샤미센 연주가도 음악을 연주해요. 전통극인 가부키와 노도 이와 비슷해요. 가부키와 노에는 인형이 아닌 살아 있는 배우들이 출연하지만, 이들도 약간은 로봇처럼 움직이고 얼굴에는 보통 나무로 만든 가면을 써요.

어떤 인형들은 아주 신기해요. 숨겨진 끈을 당기기만 하면, 아름다운 공주님이 무서운 괴물로 변하기도 해요. 머리카락 사이에서 악마 같은 뿔이 나오고, 입에서는 뾰족한 이빨이 튀어 나오고, 눈이 돌아가 흰자만 보이도록 합니다. 이런 인형극을 보려면 관객도 강심장이 되어야겠지요!

사실 분라쿠는 인형극이지만 어린이를 위한 인형극이 아니에요. 수 세기 전부터 연극한 대본을 보면 어른을 위한 정열적이고 비극적인 사랑과 복수, 피투성이의 전쟁, 속임수를 쓰는 나쁜 귀신 이야기가 많아요. 두 시간을 넘게 하는 극도 많아 어린이들이 보기에는 내용이나 시간이 적당하지 않답니다.

작은 것이 아름답다

88 **일**본은 분재가 유명해요. **본사이**라고 하지요. 분재는 화분에 키우는 작은 나무예요. 천 년이 된 분재도 있어요. 천 년 된 미니 소나무는 도쿄의 분재 미술관인 **슌카엔**에서 구경할 수 있어요. 분재는 일반적인 나무의 변종이 아니에요. 그럼 어떻게 하면 이런 작은 나무를 기를 수 있을까요?

벼랑이나 암벽에서 자라는 어린 나무를 상상해 봐요. 뿌리를 내리기도 힘든 환경에서 나무는 힘이 닿는 만큼, 자리가 되는 만큼만 자라나요. 뿌리는 돌을 감싸고, 나무 몸통은 몸을 구부리면서 희한한 모양으로 자라지요. 그럼 넓은 땅에서 자랄 나무를 작고 납작한 화분에서 기르면 어떻게 될까요?

몇 세기 전에 중국의 스님들은 이런 신기한 모양의 나무들을 벼랑에서 파내어 사원에 옮겨 심었어요. 사원에 옮겨 심은 나무들은

뿌리를 뻗을 자리를 다투거나 햇볕을 받으려고 다른 나무들과 경쟁을 할 필요가 없었어요. 그러자 원래의 특이한 모양을 잃어버리게 됐어요. 그래서 스님들은 나무들이 깊게 뿌리를 뻗지 못하도록 평평한 모양의 납작한 화분에 나무를 심었어요. 그리고 나뭇가지들을 자르고 서로 묶어 크게 자라지 못하게 했지요. 하지만 중국은 분재 가꾸는 것에 큰 흥미가 없었어요. 대신 중국으로부터 분재를 받아들인 일본은 분재를 자기 식으로 발전시켜서, 이제는 세계에서 가장 분재를 잘하는 나라가 되었답니다.

분재처럼 오래된 것은 아니지만, 몇 백 년의 전통을 가지고 있는 하이쿠가 있어요. 5·7·5의 3구 17자로 된 일본의 전통 시로, 굉장히 짧은 시예요.

고요한 연못
개구리 뛰어드는
물소리 '퐁당'

이 시는 시인이자 여행가, 불교의 승려였던 마츠오 바쇼의 하이쿠예요. 바쇼는 처음으로 하이쿠를 쓰기 시작한 사람이지요. 바쇼는 몇 개의 단어만으로도 많은 이야기를 할 수 있고, 순간의 짧은 묘사가 긴 묘사의 시보다 더 많은 감동을 줄 수 있다는 것을 증명해 보였어요. 곧 다른 이들도 하이쿠를 쓰기 시작했어요. 하이쿠의 유행은 아직까지도 계속되고 있답니다.

사람들은 씨를 뿌려 기른 분재나 아주 어린 나무일 때부터 기른 분재는 **살아 있는 조각**으로 여겨요. 분재를 돌보는 게 그만큼 쉽지 않다는 것이지요. 그래서 오래된 분재들은 대대로 이어져 내려와요. 분재의 모양을 만들려면 나뭇가지들을 철사로 묶고 잘라 주어야 해요. 모양에도 여러 가지가 있어요. 마치 바위 위나 낭떠러지에서 자라는 것처럼 보이게 모양낼 수도 있답니다. 분재 전문가들은 경연 대회에서 상을 타고 자신들의 작품을 전시회에서 선보이고 경매에 붙이기도 해요. 가장 비싼 분재는 1억 엔에 팔리기도 했어요. 1억 엔이라면 정상적인 크기의 나무로 가득한 숲을 살 수도 있을 만큼의 가치랍니다.

분재는 누구나 기를 수 있어요. 우선 일본어로 분재를 어떻게 발음하는지 연습해 볼까요? **'본사이'** 라고 말하면 되어요. 어떤 사람들은 일본어로 만세인 **'반자이!'** 와 헷갈리기도 해요. 하지만 반자이는 씨앗을 심거나 물을 주는 것과는 전혀 관계가 없답니다.

오리가미를 배워 볼까요?

92

일본은 세계적으로 **종이접기**를 잘하는 나라로 유명해요. 어느 정도냐고요? 이미 세계에선 '종이접기'가 일본 말인 **오리가미**로 통용되고 있답니다.

일본은 종이접기 놀이를 예술로 끌어 올렸어요. 옛날에 일본에선 학생들에게 오리가미를 가르쳤었어요. 집중력과 참을성을 길러 주려고요. 지금은 유치원에 다니는 아이들만이 배우고 있지요.

일본 오리가미 작품들을 보면 "종이접기로 이렇게 아름다운 작품이 만들어진다니!" 하고 놀랄 거예요. 꽃과 새, 곤충의 세밀한 모습을 구현하는 것은 물론이고요, 종이가 접히면서 만들어 내는 절묘한 무늬의 아름다움은 세계적인 패션 디자이너와 건축가들에게 새로운 영감을 줄 정도지요.

전문적으로 오리가미를 하는 사람들은 **와시**라고 하는 일본 전통 종이로 작품을 만들어요. 꼭 와시를 써서 만들 필요는 없어요. 하지만 모양은 반드시 **정사각형**이어야 합니다. 예외도 있지만, 거의 대부분 풀도 가위도 쓰지 않아요. 모든 모양을 종이를 접어서 만들어요.

일본의 오리가미에서 가장 유명한 것은 **츠루**입니다. 여러분도 이미 알고 있을 거예요. 종이로 학을 접는 것 말입니다. 종이접기를 처음 하는 사람들은 쉽진 않겠지만요, 종이학을 천 마리를 접으면 소원이 이루어진다고 하지요? 일본에선 학이 행운을 가져온다고 믿어요. 그래서 일본에서 잘 알려진 선물이 **센바즈루**, 천 마리의 종이학을 끈으로 이어 단 것이에요.

일본에서 센바즈루는 신혼부부에게 행복을 기원하거나, 아픈 친구에게 빨리 나으라는 소원과 함께 선물할 수 있어요.

일본 사람들은 언제부터 종이접기를 시작했을까요? 7세기경으로 알려져 있는데, 일본에 종이가 처음 나타났을 때부터 했을 거예요. 종이는 중국으로부터 전해졌어요. 비슷한 시기에 한자(26쪽을 보세요.)와 차(60-61쪽을 보세요.)도 전해졌지요.

처음에 종이는 아주 비싸서, 종이로 만든 장식품은 부유한 사찰이나 천황의 궁전에서만 볼 수 있었어요. 이후, 일본 사람들은 종이 만드는 기술을 발전시켜서 값싸게 종이를 만들 수 있게 되었어요. 덕분에 일본의 종이는 많은 곳에 쓰였지요. 우산도 만들고, 등과 연, 문과 집의 벽까지 종이로 만들었어요. 그리고 바로 그때부터 오리가미가 유행하게 된 것이었답니다.

종이학(츠루)을 만들어 봐요.
색종이를 1번부터 13번까지 순서에 따라 접어 봐요.

일본의 전통 놀이

다마고치, 바쿠간, 포켓몬, 카드를 대견 변신하는 자동차 등등, 일본은 계속해서 새로운 장난감을 만들고 있어요. 일본의 장난감은 일본 어린이는 물론이고 우리나라를 비롯한 전 세계 어린이들과 어른들에게까지 인기가 많아요. 그런데 새로운 장난감이 나오면, 유행이 지난 장난감들은 구석에 처박히기 일쑤지요. 하지만 일본에서 아주 오래 전에 발명되었는데도 지금까지 일본 어린이들이 좋아하는 장난감이 있어요. 바로 **켄다마**예요. 꼭 나무로 된 망치처럼 생겼는데, 어떻게 보면 위가 뾰족한 긴 막대에 우리나라 장구가 꽂힌 처럼도 보여요. 하지만 장구 복판에 해당하는 양쪽 끝은 우묵하게 들어가 있지요. 켄다마에는 긴 줄이 묶여 있는데, 줄 끝에는 구멍이 뚫린 동그란 나무공이 달려 있어요. 켄다마 놀이는 요요처럼 줄을 움직여서 나무공의 구멍에 막대기를 꽂거나, 양쪽 끝에 움푹 들어간 곳에 나무 공을 올리는 것이에요. 나무 공을 올리고 꽂는 데는 수천 개의 방법이 있어요. 일본과 몇몇 나라에서는 얼마나 멋지게 나무 공을 올리는지를 두고 시합도 한답니다.

일본의 다른 전통 놀이로는 **오테다마**가 있어요. 우리나라 오자미처럼 헝겊 주머니에 콩을 넣은 콩 주머니지요. 일본은 기모노를 만드는 천으로 만들어요. 몇 개를 한꺼번에 던지며 저글링을 할 수도 있고 친구들과 함께, 아니면 혼자서도 가지고 놀 수 있어요. 규칙은 단 하나, 오테다마가 바닥에 떨어지면 안 돼요.

실뜨기인 **아야토리** 놀이에는 긴 끈만 있으면 되어요. 끈의 양쪽 끝을 묶고 동그랗게 매듭지은 다음, 한쪽 손에 감고 다른 손의 손가락으로 끈을 늘여요. 실을 꼬고 교차시켜서 원하는 모양을 만들면 되어요. 하지만 실이 엉키지 않도록 주의해야 해요.

가끔은 손단 있어도 놀이를 할 수 있어요. '가위바위보' 놀이지요. 일본 어린이들은 **사이쇼와구! 잔껜폼!**이라고 외치면서 가위바위보를 해요. '처음엔 주먹! 가위바위보!'라는 뜻이지요. 가위바위보의 규칙은 누구든지 다 알고 있을 거예요. 손을 쫙 편 보, 주먹을 쥔 바위, 엄지와 검지 혹은 검지와 중지만을 펴고 나머지 손가락은 접는 가위를 내서 승패를 가르는 거예요. 보를 '종이'라고 보면, 가위는 종이를 자를 수 있으니까, 가위가 보를 이기고요. 종이는 바위를 쌀 수 있으니까 보가 바위를 이기고, 가위는 바위를 자를 수 없으니까 바위가 가위를 이겨요. 일본의 가위바위보는 가위바위보를 한 다음에 아이들이 **아치무이테호이**라고 또 외쳐요. '저길 봐.'라는 뜻이지요. 그럼 이긴 사람은 손가락으로 위, 아래, 오른쪽, 왼쪽 중 한 곳을 가리키고 진 사람이 이긴 사람이 가리킨 방향과 같은 쪽을 바라보게 되면 정말로 진 것이 되지요.

움직이는 그림

(100) **일**본처럼 **만화책**을 많이 읽고 **만화 영화**에 열광하는 나라는 세계 어디에도 없어요. 어린이들만의 이야기가 아니랍니다. 나이 든 아주머니, 대학 교수, 은행장 같은 어른들이 자기가 좋아하는 만화 영화 주인공들의 다음 모험이 어떻게 될지 안절부절못하며 기다리는 모습은 일본에서 조금도 이상하지 않아요. 어른들을 위한 역사책과 경제 경영서도 만화로 나와요. 인기 있는 만화 주인공들은 어디에나 등장해요. 광고, 신용카드, 비행기에도 말이에요. 어떤 경찰서 앞에서는 사람 크기만 한, 경찰관으로 나오는 만화 주인공 모형이 세워져 있기도 합니다. 일본인들이 왜 이렇게 만화를 좋아하는지 이유를 찾으려고 한 연구자도 한 둘이 아닌데요, 일본의 만화 사랑은 어쩌면 유명한 일본 만화가들 때문일지도 몰라요. 첫 번째 일본의 유명한 만화가는 사무라이 시대를 살았던 사람이에요.

가쓰시카 호쿠사이. 이 사람이 그린 사람들과 동물들과 괴물들은 마치 곧 그림 밖으로 튀어나올 것만 같아요. 가쓰시카는 자신이 그린 화집을 **망가**라고 불렀는데, 그 말을 그대로 풀이하면 '움직이는 그림'이에요. 오늘날 일본에서는 만화를 '망가'라고 부르기도 하지요.

두 번째로 중요한 만화가는 **데즈카 오사무**예요. 20세기 인물이지요. 무려 700편이 넘는 만화책을 그렸고, 그의 만화책은 만화 영화로도 만들어

일본에서는 새 책처럼 보이는 만화책이 쓰레기통에 버려진 걸 흔하게 볼 수 있어요. 일본 사람들은 만화책을 너무 많이 사서, 집과 책장에 모두 꽂아 둘 자리가 없을 지경이지요. 그래서 만화책을 학교나 직장에 가는 길에 읽고, 지하철이나 버스, 전차에서 내리면서 다 읽은 책을 버리는 거예요. 일본 만화책은 일본의 다른 책들과 마찬가지로 왼쪽에서 오른쪽으로 읽는답니다. 우리와는 반대 방향이지요.

졌어요. 일본 말로 만화 영화는 **아니메**라고 해요. 데즈카 오사무의 만화는 흑백 만화 영화로 만들었었는데 나중에 칼라 버전으로 다시 만들 만큼 시대를 막론하고 사랑을 받았답니다.

일본 만화 영화를 말할 때 빼놓을 수 없는 데즈카 오사무를 미국의 월트 디즈니와 비교하기도 하는데요. 데즈카 오사무는 만화를 그리는 대신 처방전을 쓸 뻔했답니다. 왜냐고요? 데즈카 오사무는 의대를 졸업했거든요. 하지만 데즈카 오사무는 미국의 슈퍼 히어로가 나오는 만화를 너무 좋아해서, 자신도 그런 자신만의 이야기를 그리겠다고 꿈을 가졌어요. 데즈카 오사무는 재능도 있었지만, 굉장히 부지런해서 자신의 꿈을 이루었답니다.

귀여운 고양이들

웃는 얼굴로 앞발을 들고 누군가를 부르는 모습의 고양이 장식은 이제 어느 나라에서든 쉽게 만날 수 있어요. 이런 고양이 장식을 **마네키 네코**라고 해요.

일본에는 세계적으로 유명한 고양이들이 있어요. 어쩌면 아이들에게 미키 마우스보다 더 잘 알려져 있을지도 몰라요. 첫 번째로 **헬로 키티**가 있어요. 헬로 키티를 만든 일본의 캐릭터 전문 회사인 산리오에서는 헬로 키티가 고양이가 아니라고 발표하였지만, 헬로 키티는 고양이라고 밖에는 볼 수가 없는 귀여운 고양이 모습이에요. 일본 사람들은 헬로 키티에게 **카와이**, '귀여워!'라고 말하며 헬로 키티가 그려진 물건들을 수집하기도 해요. 필통, 배낭, 모자, 열쇠고리, 컵, 이불 등 모든 물건에 헬로 키티가 그려져 있지요. 일본의 대기업인 미쓰비시는 헬로 키티 자동차를 만들기도 했어요. 황궁 옆 기념품 가게에서는 천황의 옷을 입은 헬로 키티 인형을 살 수 있고요, 크리스마스엔 산타클로스 옷을 입은 헬로

마 네 키
네 코

키티를 만날 수 있어요.

하지만 헬로 키티 캐릭터가 일본에서 아주 새로운 캐릭터라고는 말할 수가 없어요. 헬로 키티가 생기기 한참 전에 일본에는 **마네키 네코**, 손을 흔들며 행운을 불러오는 고양이 인형이 있었으니까요. 마네키 네코는 몇 세기 전부터 일본만 아니라 중국과 태국에도 있었어요. 일본어로 **마네키**는 인사, **네코**는 고양이를 말해요. 그러니까 마네키 네코는 인사하는 고양이, 헬로 키티도 뜻한답니다.

또 다른 잘 알려진 일본의 고양이는 만화책과 만화 영화에 나오는 **도라에몽**이에요. 도라에몽은 얇은 빵 사이에 팥이 들어간 도라야끼를 아주 좋아하는 고양이에요. 특이하게도 도라에몽은 쥐들이 귀를 갉아먹어서 귀가 없어요. 어떻게 그럴 수 있냐고요? 도라에몽은 미래에서 온 로봇이에요. 게으른 초등학생인 노비타 노비네 살아요. 도라에몽은 여러 나라에서 헬로 키티만큼이나 인기가 많아요. 도라에몽은 굉장히 유명해서, 일본 외무성 장관이 도라에몽을 대사로 임명하고 외국에 출장을 보낸 일도 있어요. 중요한 정치인들과

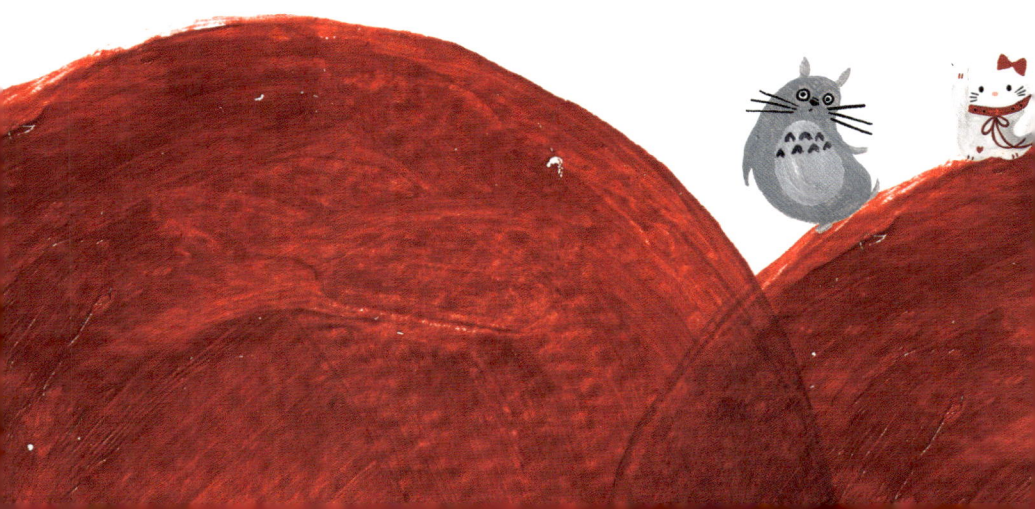

외교관들이 도라에몽의 통통한 손을 잡고 악수를 하고 같이 사진도 찍었어요. 물론 도라에몽 인형 안에는 사람이 들어 있었지만 말이에요.

일본의 만화 영화 주인공 중에서 가장 유명한 세 번째 캐릭터는 커다랗고 통통한 토토로예요. 토토로는 《이웃집 토토로》라는 만화 영화의 주인공이에요. 이 만화 영화를 만든 건 지브리 스튜디오로 세계적인 감독 **미야자키 하야오**가 만들었어요. 미야자키 하야오는 토토로를 만들면서 관객들이 '아, 나도 저곳에 가고 싶다.'는 마음이 들기를 바라는 마음으로 만들었다고 해요. 토토로를 만나고 싶다면 숲속 작은 길에 흩어져 있는 도토리를 따라가 보세요. 토토로는 도토리를 아주 좋아한답니다.

토토로는 도쿄 외곽의 미타카에 있는 박물관에서도 만날 수 있어요. 박물관에는 토토로의 실제 크기의 인형이 있답니다. 여러분의 몇 배나 되는 크기의 인형이지요. 가와사키에는 과학 박물관이 있는데 그곳의 주인공이 바로 도라에몽이에요. 도쿄 교외로 가면 헬로 키티를 주제로 한 산리오 퓨로랜드가 있답니다. 공주 옷을 입은 헬로 키티와 거대한 케이크와 아이들이 타는 기차도 있답니다.

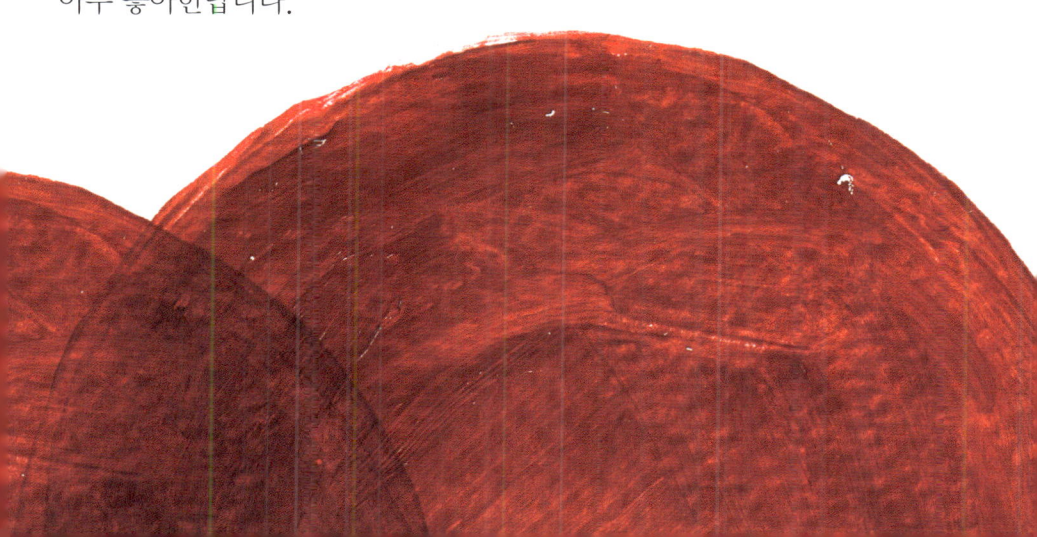

인공 지능 로봇

키는 130센티미터에 몸무게는 54킬로그램이에요. 마치 우주복을 입은 9살 소년처럼 보이지요. 여러분이 말을 건다면, 여러분을 분명 기억할 거예요. 공손하게 고개를 숙여 인사를 하고, 주문을 받고, 먹을 것을 날라다 주며, 일본어 말고는 영어와 수화를 이해해요. 텔레비전에 출연하고, 전 세계 여행을 다니고, 오케스트라를 지휘한 적도 있어요. 바로, **아시모**라는 일본이 개발한 로봇이랍니다. 아시모는 배터리로 작동한답니다. 프로그램을 새로 추가할 수도 있고, 조이스틱으로 조종할 수도 있고, 그냥 말로 행동을 지시할 수도 있어요.

현재 아시모의 배터리는 1시간 동안 쓸 수 있어요. 하지만 연구는 계속되고 있고, 일본의 기술자들이 개선하려고 노력 중이에요. 어느 날엔가 하루 종일, 아니면 더 오랫동안 충전 없이 계속 작동할 수 있게 되지 않을까요? 지금도 아시모는 잘 뛰고, 장애물을

피해 가고, 펄쩍펄쩍 뛰고 계단을 다닐 수 있어요. 일본 과학자들에게는 아시모가 잘 움직이는 것이 큰 도전이었어요. 아시모 이전 모델들은 느리고 둔했어요. 외모도 꼭 아마추어 공상 과학 영화에서 볼 법한 모습이었고요. 장애물이 나타나기만 하면 넘어지기 십상이었어요.

과학자들은 몇 년 동안 여러 기술과 재료를 시험했어요. 사람들과 원숭이, 동물들이 어떻게 움직이는지 관찰하고, 힘줄과 근육, 뼈가 어떻게 작동하는지도 관찰했어요. 결국에는 재빠른 아시모만이 아니라 다른 똑똑한 기계들과 장난감들도 만들어 냈지요.

예를 들어 전자 강아지인 **아이보**가 만들어졌어요. 1999년 아이보 판매가 시작되자, 20분 만에 모두 동나고 말았어요. 아이보는 그냥 자동으로 움직이기만 하는 장난감이 아니었어요. 실제로 기르고 보살펴 줘야 했지요. 제대로 보살펴 주지 않으면 아이보는 슬퍼져서 놀고 싶어 하지 않았어요. 아이보는 현재는 팔고 있지 않지만 작은 로봇인 **파페로**는 팔아요. 파페로는 말하기를 금세 배우고 말도 곧잘 하지요. 눈에는 카메라가 장착되어 있어서 혼자 집에 남게 되면 집에 들어오는 침입자를 잡고 경찰을 부를 수도 있답니다.

전 세계 로봇의 반이 일본에서 만들어지고 있어요. 물론 일본도 첨단 과학 기술 개발이 부족하던 때도 있었어요. 하지만 하나씩 전자 제품을 연구하고 발명하면서 로봇을 만드는 수준에까지 오른 거예요.

일본에선 최초로 1950년대에 지금까지도 많은 사람들에게 생활필수품으로 인정받는 물건을 발명했어요. 바로 **전기밥솥**이랍니다. 1970년대엔 휴대용 계산기를 발명했고, 1980년엔 휴대용 노트북 컴퓨터를 발명했어요. 그런데 재미있게도 일본의 전자 제품으로 유명한 기업들이 처음부터 전자 제품을 만든 것은 아니었어요. 카메라와 워크맨, CD 플레이어 등을 만든 파나소닉은 옛날에 연필을 만들었고, 게임기로 유명한 닌텐도는 종이로 만든 카드놀이 세트를 만들어 팔았답니다. 자동차로 유명한 도요타 역시 자동차와는 전혀 상관없는, 옷감을 짜는 방직 기계 전문 회사였답니다.

일본을 관광하는 여행객들에게는 어디에나 있는 자판기가 신기해 보일 거예요. 거리에도, 공원에도, 사원 주위에도, 후지산 꼭대기를 오르는 길에까지 있으니까요. 따뜻한 음료부터 찬 음료까지 취향에 따라 고를 수 있지요. 많은 식당에도 식권 판매 기계가 있어요. 점원에게 음식을 주문하지 않고 직접 음식을 고르고, 단추를 누르고, 돈을 내고, 그리고 식권을 요리사에게 건네면 된답니다.

맨손 그리고 부드러운 길

맨손은 칼보다 무서울 수도 있어요. 매트 위에서 서로 겨루는 **가라테** 선수들을 보세요. 아무도 무기를 들고 있지 않잖아요? 하지만 일격으로도 상대방을 넘어뜨릴 수 있지요. '가라테'는 일본 말을 그대로 풀이하자면 '맨손'이라는 말이에요. 움직임은 물 흐르는 듯하지만, 날카로운 타격을 쓰는 가라테와는 정반대의 무술이 있어요. 바로 **유도**예요. 유도는 '부드러운 길'이라는 뜻이지만 부드러운 스포츠는 전혀 아니랍니다. 유도 선수들은 온몸을 써서 상대방을 넘어뜨릴 때까지 승부를 겨뤄요. 유도의

가장 오래된 일본의 무술은 스모예요. 스모 경기에는 지금도 수많은 팬들이 몰려요. 스모 선수들은 100킬로도 넘고, 머리를 이마 위로 올려 묶고는 엉덩이에 천만 두른 채로 싸움을 해요. 겨루기 전에 땅에 소금 한 줌을 뿌리고는 다리틀 이쪽저쪽 들었다 내렸다 하는데, 이는 경기장을 정화하고 악령을 쫓아내기 위한 의식이랍니다. 경기는 직경 4.55미터의 원 안에서 이루어져요. 상대방 선수를 이 원 밖으로 몰아내거나 넘어뜨리는 선수가 이겨요.

기원은 유술로 주짓수라고 하는데, **주짓수**는 일본의 무사들이 전쟁터에서 무기가 없을 때 적을 죽이는 격투 기술이었어요. 그러나 오늘날의 유도는 정정당당히 서로의 기술을 겨루는 스포츠지요.
그런데 일본이 이 모든 무술의 원조 국가는 아니랍니다. 가라테는 원래 인도에서 시작되었는데, 중국으로 전해졌다 일본 **오키나와** 지방으로 전해졌어요. 오키나와에서는 한때 무기를 쓰는 것이 금지되었어요. 천황에게도 명령을 할 수 있을 만큼 강력했던 **쇼군**(사무라이 우두머리)이 그렇게 정했던 것이지요. 그러자 오키나와에 사는 사람들은 무기를 쓰지 않는 무술에 관심을 가지게 되었고, 중국의 고승들에게서 그 답을 찾았어요. 도쿄에 가라테가 전해진 것은 300년이나 후의 일이었어요.

합기도는 **영혼을 함께 하는 길**이라는 뜻인데 어쩌면 이 무술의 기술은 일본에서 전래한 것일지도 몰라요. 사무라이들의 비밀

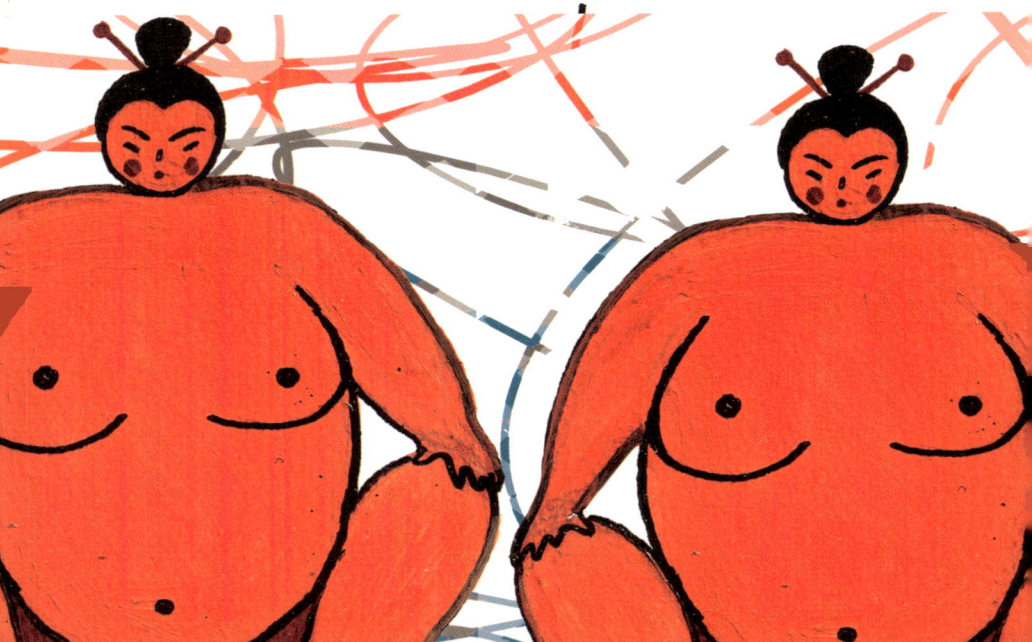

전법으로 칼을 뺏긴 전사의 마지막 희망이었지요.
옛날 무술들은 스포츠가 아니었어요. 삶과 죽음이 결정되는 싸움이었지요. 합기도는 시간이 지남에 따라 자기 몸을 보호하는 호신술로 바뀌었어요. 유도 역시, 처음엔 주짓수라는 격투 기술이었는데, 100년 전에 마르고 체격도 왜소한 **카노 지고로**라는 사람이 몸과 마음을 다스리는 스포츠로 만들었어요.

모든 무술은 그 종류와 기원에 관계없이 공통적인 특징이 있어요. 정말로 잘하려면, 수 년 동안 열심히 훈련을 해야 한다는 것이에요. 선수가 초년자인지, 아니면 숙련자인지는 도복을 묶은 띠의 색깔을 보면 알 수 있어요. 배우는 학생은 흰 띠부터 시작해요. 선생님의 띠는 검정색(유도와 합기도에서는 빨간색도 써요). 하지만 검은 띠를 얻기 위해서 단계적으로 노랑, 주황, 초록, 파랑, 그리고 갈색 띠를 따야 한답니다.

닌자가 나타났다!

고양이처럼 재빠르게 움직이고, 아무도 모르는 사이에 잠입해요. 검은색 옷과 마스크 위로 오직 눈만이 반짝입니다. 칼 쓰는 솜씨도 기가 막히지만, 쇠사슬 끝에 공이 달린 무기도 잘 다루어요. 도망가면서는 땅 위에 날카로운 금속 조각들을 흩뿌리는데, 보통 거기엔 독이 발라져 있어 상대가 뒤쫓아 오지를 못하지요. 나무에 올라가거나 성벽 위에 올라갈 때는 올라가기 쉽도록 신발 바닥에 발톱을 붙여요.

전사인 **닌자**는 영화에 등장하고 장난감으로 만들어지기 전부터 일본에 존재했어요. 수백 년 전인 사무라이 시대에 이들은 스파이였어요. 적의 성에 침입해, 비밀 계획을 입수하고, 반대파들을 암살했지요. 쇼군(114쪽을 보세요.)조차도 닌자를 고용하곤 했어요. 그만큼 닌자의 기술은 수준이 높았고, 지금도 어떤 면에선 배울 만해요. 사람을 죽이기 위해서가 아닌, 유연하고 재빠르게 몸을 움직이는 것을 연습하기 위해서 말이에요.

닌자는 사무라이들과는 달리, 사람들의 눈을 피해서 활동했어요. 외날의 칼이라는 뜻의 **카타나**는 항상 몸에 지니고 있었지요. 사무라이의 칼은 그의 영혼이라는 말이 있을 정도였어요. 카타나를 만드는 것은 아주 오래 걸렸어요. 날을 날카롭게 가는 데에만도 몇 달이 걸리기도 했으니까요. 마침내 칼은 너무나 날카로워, 사람의 머리카락을 공중에서 가르거나 금속도 자를 수 있을 정도였어요. 사무라이들은 자신들의 칼에 맞는 멋진 **칼집**을 소유하고 있었는데 때와 장소에 따라 칼집을 달리 가지고 다녔어요.

일본에서는 아직도 **카타나**를 만드는 장인들이 있어요. 오늘날에는 이를 예술의 하나로 여기고 있어요. 칼을 가지고 싸우는 무술의 전통은 사라지지 않았어요. 물론 진짜 칼싸움을 하는 건 아니에요.

칼을 다루는 법을 익히고, 몸과 마음을 수련하며, 상대방과 대련하는 것이지요.
일본에선 초등학교 체육 시간에 대나무로 만든 죽도로 칼을 다루는 법을 배웁니다.

일본어로는 '켄도', 우리말로는 검도라 하는 무술도 일본의 무술 중 하나예요. 지금은 스포츠나 취미 생활의 일종이자 인격 수양의 방법으로 여겨지고 있어요. 검도를 배우는 사람은 겸손해야 하고, 정직해야 하고, 약한 사람을 보호해야 해요. 바로 이 점을 모든 사무라이들이 배웠고, 오늘날 무술을 배우기 위해 매트에선 모두가 명심해야 하는 점이어요. 상대방의 눈에 시퍼렇게 멍을 들게 해드 안 되고, 시야를 방해해서도 안 되어요. 명예롭게 싸우는 것이 중요하답니다.

거대 참치와
츠키지 수산 시장

맛있는 음식을 좋아하는 사람이 도쿄에 가면, 세계에서 가장 큰 수산 시장을 방문할 기회를 놓치지 않을 거예요. **도쿄의 츠키지 수산 시장**은 90년이나 되었고, 매일 2천 톤이나 되는 생선과 해산물을 팔아요. 하지만 이 시장에서 가장 유명한 것은 **참치 경매**예요. 참치들이 고급 자동차만큼의 가격으로 팔려서 유명한 것은 아니에요. 그냥 보기만 해도 놀라운 광경이라 유명하지요.

수백 킬로까지 나가는 거대한 참치들이 바닥에 줄지어 놓여 있고 그 옆으로 참치를 살 사람들이 모여요. 가게 주인, 레스토랑 주인들이지요. 종소리가 울리면 경매가 시작된다는 뜻이에요. 누가 더 많이 부를까요? 경매를 진행하는 사람은 어두운 색의 위아래가 붙은 바지를 입고 손을 흔들면서 옆으로 고개를 저으며 리듬에 맞추어 소리를 지르기도 하고 가끔은 알 수 없는 단어들을 노래하듯 말하기도 해요. 여기 처음 온 사람에겐, 마치 마법의 의식처럼 보일 거예요. 하지만 경험이 많은 항상 오는 사람들은 이게 다 무슨 뜻인지 알고 있어요. 단지 자신의 가격을 제시할 적당한 시간을 기다리고 있을 뿐이죠. 자기가 고른 생선을 드디어 손에 넣을 시간을요. 이 거대한 수산 시장의 이름은 **츠키지**예요. 얼마 전에 도쿄시는 시내 중심에 있는 이 시장을 토요스 섬으로 옮기기로 결정했어요. 이 결정은 시장 상인들도 싫어했고, 오랜 시간 동안 시장에 익숙해진 수도의 시민들도 맘에 들어 하지 않았어요. 당연한 반응이에요. 츠키지 시장 덕분에 도심에서 신선한 스시를 맛볼 수 있었으니까요. (54-56쪽을 보세요.)

츠키지 시장의 한편에는 작고 보잘 것 없어 보이는 가게들이 줄지어 있어요. 보기에는 특별하지 않아도, 이들 중에 세계 요리 대회의 상을 수상한 곳들이 정말 많답니다. 그래서 값은 비싸지만 사람들이 몇 시간 동안 줄을 서서 기다리는 것이에요.

츠키지 수산 시장의 참치만큼 유명한 것이 **고베 소고기**예요.

옛날 일본에서는 아예 고기를 먹지 않았어요. 사견이 바다로 둘러싸인 나라에서 가장 맛있는 먹거리는 물고기와 해산물뿐 아니라, 건강에 아주 좋은 해조류이기도 했어요. 아마도 이 해조류 덕분에 일본인들은 그렇게 오래 건강하게 사는 것일 거예요. 세계적으로 가장 잘 알려진 것은 갈린 김인데, 스시를 마는 것으로 유명해졌고, 일본식 된장인 미소로 만든 국에 넣는 미역인 와카메도 잘 알려져 있어요. 하지만 먹을 수 있는 해조류는 아주 다양해요. 예를 들어 잘게 썬 다시마를 뜻하는 콤부는 오니기리와도 잘 어울려요.

고베는 맛좋은 맥주와 훌륭한 필하모니로도 유명해요. 고베의 소들은 정말 최고의 대접을 받는다고 해요. 소 우리에 클래식 음악을 틀어 놓고, 식욕을 돋우려고 소들은 매일 1리터의 맥주도 먹는다고 해요. 소를 기르는 사람들은 이 소문이 사실인지는 밝히지 않고 있어요. 장사 비밀을 밝히기 싫은 걸까요? 확실한 것은, 이들이 소들에게 마사지를 해 주고, 소에게 풀을 먹이는 것이 아니라 건포도가 든 옥수수와 호두를 먹인다는 것이에요. 그래서 고베 지역의 소고기가 세상에서 가장 맛있는 소고기로 일컬어지나 봐요.

언제나 눈이 쌓인 산봉우리

124 '일본' 하면 떠오르는 것들 중에 일본 사람이라면 반드시 말하는 것이 있어요. 바로 **후지산**이에요. 후지산은 일본에서 가장 높은 산이에요. 우뚝 솟은 봉우리 위에 하얗게 눈이 쌓인 모습으로 유명하지요. 후지산은 시즈오카현과 야마나시현에 걸쳐져 있어요.

일본인들에게 후지산은 성스러운 산이자, 일본을 대표하는 미의 상징이에요. 수백 년 전부터 시인들은 후지산에 대한 시를 써 왔고, 화가들은 후지산을 그림으로 남겼어요. 후지산의 모양을 이상적인 모습으로 생각했었죠.

후지산은 신토를 믿는 사람들에게는 **신성한 산**이기도 해요. 그래서 후지산 기슭에는 몇 개나 되는 신사가 세워져 있고 토리이 문도 있어요.

후지산은 여름에만 오를 수 있어요. 밤에 올라가는 것이 제일 좋아요. 그러면 꼭대기에서 해가 떠오르는 것을 볼 수 있으니까요. 후지산을 오르는 것이 쉽지 않기 때문에 일본 사람들은 이렇게 말하곤 해요. '진짜 현명한 사람은 후지산을 일생에 단 한 번 오른다. 또 올라가는 사람은 바보.'라고요.

날씨가 좋은 날, 후지산은 100킬로미터나 떨어진 도쿄에서도 보여요. 도쿄 시민들은 고개를 쭉 빼어 이 멋진 광경을 바라보죠. 도쿄에 사는 사람이라면 누구나, 자신의 창문에서 1년의 대부분 눈으로 덮인 후지산의 꼭대기를 보는 것이 소원이에요. 후지산이 지금은 쉬고 있는 화산이라는 것도 잊어서는 안 되어요.

일본에서 친구를 부를 때 성별에 따라 달리 말해요. 남자 친구는 이름 뒤에 '군'을 부르면 되어요. '아키라 군, 볼펜 좀 빌려 줄래?'라고요. 가장 친한 여자 친구나 어린 여동생은 뒤에 '짱'을 넣어 부르면 되어요. '아이코 짱, 사탕 먹을래?'라고 말하면 된답니다.

일본인들을 깜짝 놀라게 한 마지막 폭발은 300년 전이었어요. 당시 후지산에서 뿜어 나온 화산재가 100킬로미터 떨어진 에도(지금의 도쿄를 말해요.) 지역까지 떨어졌답니다.

백로의 성, 히메지조

일본 열도의 가장 큰 섬인 혼슈에는 **히메지**라는 작은 도시가 있어요. 항상 관광객이 북적이지요. 관광객들은 이곳 언덕에 있는 커다랗고 아름다운 건물을 보러 와요. 이 건물은 히메지성인데, 흰색의 벽 때문에 **백로의 성**이라고도 불러요. 날씨가 좋은 날이면 멀리서도 햇볕에 반사되어, 마치 이를 드러내고 하얗게 웃는 것만 같이 보여요.

성은 14세기에 세워졌고, 17세기에 증축되었어요. 그때 당시로는 전 세계적으로 가장 현대적인 성 중 하나였어요. 이 성을 뺏으려고 했던 사람들은 정말 힘겨웠을 거예요.

히메지성은 2차 세계 대전도 크게 해를 입히지 못했어요. 일본에서 가장 원형이 잘 보전되어 있고 가장 유명한 건물 중에 하나예요. 나머지 두 곳은 마츠모토성(도쿄랑 더 가까워요.)과 쿠마모토성(규슈에 있어요.)이에요. 만약 여러분이 이 성들을 방문할 기회가 있으면, 성 안은 일본의 집과 똑같은 법칙이 적용된다는 것을 기억하세요. 안으로 들어가기 전에는 꼭 신발을 벗어야 합니다.(46쪽을 보세요.)

성을 건축한 사람들은 모든 것을 세세하게 다 생각해 놓았답니다.

이 성 주위에는 튼튼한 방어벽이 둘러 세워져 있어요. 높고도 두꺼운 벽들은 오르기엔 아주 어려웠고, 포탄에도 끄떡없었죠. 거기다가 벽에는 작은 창문이 있는 탑들도 있었어요. 성을 지키는 사람들은 여기에 몸을 숨긴 채 침입자들을 향해 활을 쏠 수도 있었어요. 그것도 충분하지 않은 듯, 벽 주위로는 물이 찬 깊은 해자가 있었어요. 만약 적군이 이 성을 점령했다고 해도 적군은 또 다른 어려움에 부딪칩니다. 성 안쪽으로 들어가는 성문 위에는 불청객을

향해 돌을 던지는 장치가 되어 있었어요. 그리고도 끝이 아니에요. 좁은 복도와 계단에 파수꾼들이 대기하고 있었고, 길은 미로처럼 구불구불 굽어 있었고 막다른 통로도 많았어요.
듣기만 해도 멋지지만, 사실 이 모든 것이 정말 효과적인지는 단 한 번도 진짜 사용된 적은 없었어요. 백로의 성에는 아무도 공격을 해 오지 않았거든요. 이 성을 짓고 나서 일본에는 평화의 시대가 찾아와, 200년 동안 계속되었답니다.

성스러운 사슴의 섬, 미야지마

세계 곳곳에서 이곳을 놀러 오는 손님들과 이 섬에 사는 사람들은 이곳을 **미야지마**라고 불러요. 여행 안내서에는 미야지마보다 공식적인 이름인 '이쓰쿠시마로'로 나와 있는데도요.

혼슈 근처의 이 작은 섬으로는 보트나 페리를 타고 갈 수 있답니다. 그리고 일본에서 가장 아름다운 풍경 중 하나를 보고 감탄할 수 있지요. 바닷가의 물속에 거대한 주황색의 **토리이 문**(71쪽을 보세요.)이 서 있어요. 거의 1,000년이 된 이 토리이 문은 바다의 여신인 아마테라스(18–21쪽을 보세요.) 여신의 세 딸, 다키리히메, 이치키시마히메, 다기쓰히메의 신사로 통하는 문이에요. 바닷물의 수위가 내려가면, 대문부터 신사로 가는 길은 걸어서 갈 수도 있어요. 하지만 서둘러야 해요, 시간이 조금만 지나도 곧 물이 차오르니까요. 이 섬 자체도 신기해요. 섬에는 집과 학교와 가게와 병원이 있지만, 어디에도 무덤과 아이를 낳을 수 있는 병원이 없어요.

그건 미야지마를 신성한 곳으로 여기기 때문이에요. 아무도 여기서 태어나거나 묻힐 수 없어요. 그랬다가는 신들이 화를 낼 수도 있으니까요. 만약 여기 사는 여자가 임신을 하게 되면, 아이를 낳기 전 섬을 떠나 아이를 낳아서 돌아온답니다.

미야지마에 사는 사람은 별로 많지 않아요. 대신 이 섬에는 사슴이 아주 많이 살고 있지요. 사슴들은 성스럽다고 해서 특별 대접을 받고 있어요. 마음대로 섬 전체를 오갈 수도 있고, 사람들 앞에서 사진을 찍을 포즈를 취해 보이기도 한답니다. 사슴들은 사람도, 아무것도 무서워하지 않는데다가, 사실 굉장히 먹을 것을 밝혀요. 그래서 미야지마에서는 길거리에서는 아무것도 먹지 않는 것이 좋답니다.

순간, 약삭빠른 사슴이 어느새 가로채 갈지도 모르니까요. 다행히 이 사슴들을 위한 먹을 것 가판대도 이곳저곳에 많이 있어요.

만약, 미야지마에 가게 된다면 이곳의 명물을 꼭 맛보세요. 그건 모미지 만주예요. 미야지마에 단풍나무가 많아, 단풍잎 모양을 하고 있어요. 모미지만주는 전통 찻집과 과자 집에서 만들어요. 손님들은 요리사가 반죽을 틀에 넣고 굽는 것을 볼 수도 있답니다. 만주를 하나단 주문해도, 원하는 양껏 차를 마실 수 있어요. 길거리에서는 꼬치에 단풍잎 모양의 모미지 만주 튀김을 꽂아 팔기도 한답니다.

무사히 다녀오세요!

138 **일**본 기차역, 텅 빈 기차 안의 의자들이 갑자기 움직이기 시작하면 여행자들은 얼른 동영상을 찍기 시작해요. 하지만 일본 사람들은 이런 광경이 조금도 이상하지 않아요. 이상할 것이 뭐가 있겠어요? 기차가 이제 목적지에 다다랐고, 곧 되돌아갈 테니, 기차가 돌아가는 방향으로 의자를 돌리는 건데, 뭐가 이상하나요?

일본 기차의 의자는 자동으로 돌아갑니다. 의자 밑에 만들어 놓은 장치를 이용해서요. 마치 발끝만 대고 빙그르르 도는 발레리나의 턴과 같지요.

일본 도쿄와 같은 큰 도시의 역에서는 또 다른 진풍경을 볼 수 있어요. 기차가 멈추고, 승객들이 내리는데, 플랫폼에 사람들 한 무리가 기다리고 있어요. 그들은 내리는 승객에게 공손히 인사를

해요. 그리고 준비, 땅! 승객이 모두 내리면 바로 기차 안으로 들어가요. 누구냐고요? 기차를 청소하는 사람들에요. 청소하는 것이 뭐가 진풍경이냐고요? 기차를 청소하는 사람들은 몇 초 단위까지 짜인 시간표로 움직이고, 정확히 맡은 구역을 신속히 청소하기 때문입니다.

어떤 사람들은 이를 **7분짜리 연극**이라 표현하기도 해요. 왜냐하면 기차 전체를 구석구석까지 청소하는 데에 바로 7분이 걸리거든요. 일본 기차역의 청소하는 사람들은 어쩌면 세계에서 가장 청소를 잘하는 청소 전문가일지도 몰라요. 얼마나 빠르게 깨끗하게 청소를 해냈는지, 미국의 한 학자는 이들의 청소 기술을 연구하기도 했답니다.

일본 기차를 청소하는 사람들은 정말 번개처럼 일해야 하는데, 왜냐하면 일본에는 조금이라도 기차가 연착한다는 것은 있을 수도 없는 일이거든요. **신칸센,** 한 시간에 300킬로미터까지 가는 아주 빠른 일본의 열차로 세계에서 최초로 만들어진 고속 열차예요.

도쿄와 오사카 사이 특수한 선로를 까는 작업은 이미 1950년대에 시작했고, 1964년부터 개통이 되었어요.

오늘날 일본에는 매일 250개의 신칸센이 운행되고 있어요. 노선 이름도 외우기 쉬워요. 빛을 뜻하는 **히카리**, 희망을 뜻하는 **노조미**, 메아리를 뜻하는 **코다마**랍니다. 일본의 기차 노선은 굉장히 촘촘하고, 보통의 교외선도 몇 분에 한 대씩은 다녀요.

도시의 대중교통도 매우 편리해요. 도쿄 지하철은 9호선까지 있고 역은 179개나 된답니다.

전 세계에서 이보다 더 큰 지하철은 모스크바에 밖에 없어요.

여러분은 분명, 일본 지하철에는 사람이 너무 많아, 승객을 밀어서 넣는 사람이 있다는 얘기를 들어보셨겠지요? 하지만 걱정 마세요. 사람이 많은 시간을 피하기만 하면 지하철은 편하게 이용할 수 있답니다. 일본의 대중교통에서는 몇 개의 원칙만 기억하면 되어요.

전화 통화는 하면 안 되어요. 그리고 버스에도, 지하철에도, 기차에도 '노약자석'이 있어요. 이건 나이든 사람을 위한 좌석이니 젊은 사람들은 앉아서는 안 되어요. 그리고 또, 외국인들이 알면 언제나 매우 놀라는 사실도 있어요. 일본의 택시는 문이 자동으로 열린답니다! 손잡이를 잡을 필요가 없답니다.

일본어를 배워 볼까요?

はい。(하이) - 네.
いいえ。(이-에) - 아니오.
おはよう。(오하요-) - 아침 인사로 안녕하세요? (오전 11시까지 쓸 수 있어요.)
今日は。(곤니치와) - 안녕하세요? (오전 11부터 저녁까지 쓸 수 있음)
今晩は。(곤방와) - 저녁 인사로 안녕하세요?
おやすみ なさい。(오야스미나사이) - 밤 인사로 안녕히 주무세요.
じゃね。(쟈-네) - 헤어질 때 인사로 안녕! 다음에 봐
さようなら。(사요-나라) - 안녕히 계세요.
ありがとう。(아리가토-) - 감사합니다.
失礼しました。(시쯔레이-시마시타) - 실례합니다.
いただきます。(이타다키마스) - 잘 먹겠습니다.
ごちそうさまでした。(고치소-사마데시타) - 잘 먹었습니다.
お店 / 販売店。(오미세/ 한바이텐) - 가게

レストラン。(레스토랑) - 식당

病院。(뵤-인) - 병원

薬局 / 薬屋。(약쿄쿠, 쿠수리야) - 약국

トイレ。(토이레) - 화장실

電車駅。(덴샤에키) - 역

バス停。(바수테-) - 버스 정류장

地下鉄駅。(치카테츠에키) - 지하철역

到着。(토-챠크) - 도착

出発。(슈파츠) - 출발

初めまして。(하지메마시테) - 처음 뵙겠습니다.

お名前は?(오나마에와?) - 이름이 뭐니?

○○○といいます。

(○○○토이이마스) - ○○○(이름)라고 해요.

私の名前は○○○です。

(와타시노나마에와○○○데스) - 제 이름은 ○○○입니다.

わたしは韓国人です。
(와타시와간코쿠진데스) －저는 한국인입니다.

私は韓國から來ました。
(와타시와칸코쿠카라키마시타)－ 저는 한국에서 왔습니다.

私はソウルに住んでいます。
(와타시와소우르니슨데이마스) －저는 서울에 살아요.

おげんきですか。(오겡키데스카) - 잘 지내나요?

お蔭様で。(오카게사마데) - 좋습니다.

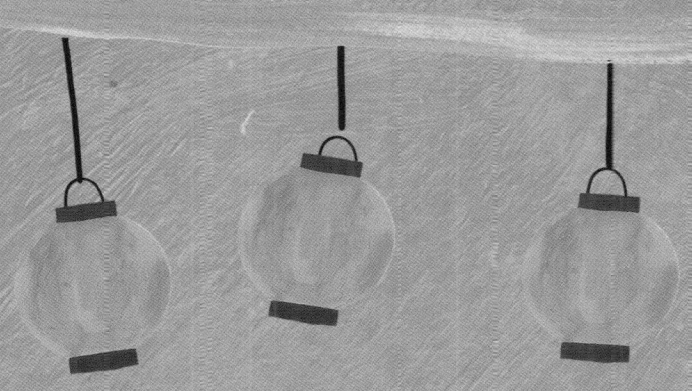

すみませんトイレはどこですか。
(스미마셍, 토이레와도코데스카) - 죄송합니다, 화장실이 어디인가요?

英語が話せますか?
(에이고가하나세마스카) - 영어 하십니까?

日本語が話せますか?
(니혼고가하나세마스카) - 일본어 하십니까?

日本語は話せません。
(니혼고와하나세마셍) - 일본어를 못 합니다.

わかりません。(와카리마셍) - 모르겠습니다.

これはいくらですか。
(코레와이쿠라데스카) - 이것은 얼마입니까?

気持ちが悪いです。
(키모치가와루이데스) - 몸이 좋지 않습니다.

助けてください。(타스케테쿠다사이) - 도와주세요.

일본 요리를
직접 만들어 봐요

일본 사람들이 즐겨 먹는 음식을
직접 만들어 볼까요?
그 나라의 문화를 아는 좋은 경험이 될 거예요.
집에 일본 친구가 놀러 왔을 때
한 상 차려 내어 보세요.
친구가 정말 좋아할 것입니다. 이렇게 말하면서요.
"오이시이(맛있어)!"

오니기리!
삼각 김밥을 만들어요

재료

밥 한 공기, 김 2장, 소금 한 꼬집

속 재료: 참치 1캔, 마요네즈 2숟가락

밥 한 공기를 미리 떠서 소금을 살짝 뿌리고 밥알이 뭉개지지 않게 잘 섞어요.
참치 캔을 손이 베이지 않게 딴 후에 기름을 버리고 참치를 오목한 그릇에 덜어, 마요네즈와 잘 섞어 줍니다. 마요네즈의 양은 취향에 따라 조절하세요.
김은 긴 직사각형 모양으로 손바닥만한 크기로 잘라 주세요. 조미된 김보다 마른 김이 좋습니다.
손에 물을 묻힌 후에 밥을 한 움큼 쥐어 동그랗게 만든 다음 가운데를 눌러 오목하게 합니다. 오목한 곳에 준비한 속 재료를 담고 밥을 오므려서 재료가 보이지 않게 합니다. 끝이 둥근 삼각형 모양으로 만든 다음 김으로 아랫부분을 감싸 주면 삼각 김밥 완성!
절인 매실이나 멸치 볶음 등 여러분이 좋아하는 재료를 선택해 넣을 수 있습니다.

달콤한 팥소, 앙꼬

재료
팥 한 줌
설탕 한 컵 (*사탕수수 당이 가장 좋아요.*)
소금 한 꼬집

깨끗이 씻은 팥을 푹 삶아요. 삶은 팥을 냄비에 넣고 설탕과 소금을 넣고 조려요. 주걱으로 저어서 설탕을 녹이고, 재료들이 덩어리로 굳어지면, 그 유명한 달콤한 팥소인 앙꼬가 만들어집니다. 부드러운 앙꼬를 만들고 싶다면 블렌더로 갈아 주세요. 앙꼬는 빵에 발라 먹거나, 갈은 얼음 위에 올려 놓고 팥빙수로 먹어도 맛있답니다.

녹차 라떼, 맛차!

재료

녹차 가루 1티스푼 (식성대로 조금 더 많이, 또는 적게)
설탕 1티스푼 (식성대로 조금 더 많이, 또는 적게)
물 1/2 컵
우유 1/2 컵 (두유나 곡물 우유도 괜찮아요.)
얼음 몇 조각 (꼭 필요는 없어요.)

녹차 가루를 뜨거운 물에 넣어요. 끓는 물은 안 돼요!
설탕을 넣고 티스푼으로 저은 후에 대나무로 만든 차 젓는 도구로
표면에 거품이 생길 때까지 힘차게 저어 주세요.
전기로 움직이는 전동 우유 거품기를 사용해도 좋아요.
다른 그릇에 우유를 담고 거품을 낸 후에 천천히 우유 거품을
녹차가 든 컵에 넣어요.
정말 간단하죠? 이제 맛있게 마시면 되어요.
아이스 녹차 라떼를 만들려면 차가 식을 때까지 기다린 후에 거품을
내고, 우유 거품과 섞은 후 마지막에 얼음 몇 조각을 넣으면 됩니다.

"이타다키마스!"

차례

들어가는 말 5
지도에서 일본을 찾아볼까요? 15
해를 상징하는 동그라미 18
벚꽃의 물결 22
다른 나라에서 말을 빌려 왔다고요? 26
천황의 시간은 어떻게 흐를까? 30
가장 중요한 건, 가족 34
고무로 만든 집이라고요? 38
다다미에 앉아 식사해요 42
양말을 신은 도둑 46
함께 목욕할래요? 50
이타다키마스! 잘 먹겠습니다! 54
다도의 나라 58
일본의 전통 의상, 기모노 62
축제를 즐겨요! 66
어린이를 위한 날이 단 하루라고요? 너무 짧아요! 72
종이 울리면 새해예요! 76

검은 동그라미 … 80
나무로 만든 로봇, 분라쿠 … 84
작은 것이 아름답다 … 88
오리가미를 배워 볼까요? … 92
일본의 전통 놀이 … 96
움직이는 그림 … 100
귀여운 고양이들 … 104
인공 지능 로봇 … 108
맨손 그리고 부드러운 길 … 112
닌자가 나타났다! … 116
거대 참치와 츠키지 수산 시장 … 120
언제나 눈이 쌓인 산봉우리 … 124
백로의 성, 히메지조 … 128
성스러운 사슴의 섬, 미야지마 … 132
무사히 다녀오세요! … 138
일본어를 배워 볼까요? … 144
일본 요리를 직접 만들어 봐요 … 148

글 조피아 파비야노프스카-미칙 (Zofia Fabjanowsk-Micyk)
일본어 문학을 전공하고 문화 전문 기자로 활동하며 《파니》《엘르》《내셔널 지오그래픽 트래블러》 등에 칼럼을 기고했습니다. 《곤니치와, 일본》은 작가가 쓴 첫 번째 어린이책입니다.

그림 요안나 그로호츠카 (Joanna Grochocka)
그다인스크 대학에서 철학을 공부하고 그다인스크 국립미술원에서 판화를 공부했습니다.
잡지와 포스터, 벽화 등 다양한 일러스트레이션 분야에서 활동할 뿐 아니라 설치 미술 작업도 하였습니다.

옮김 이지원
한국외국어대학교에서 폴란드 어를 공부하고 폴란드에서 어린이책 일러스트레이션의 역사를 연구해 박사 학위를 받았습니다. 현재 학생들을 가르치며 어린이책 연구가로 활동하고 있습니다.
옮긴 책은 〈풀빛 지식 아이〉 시리즈의 《꿀벌》과 〈예술 좀 하는 어린이〉 시리즈의 《생각하는 건축》 《상상하는 디자인》《꿈꾸는 현대 미술》《표현하는 패션》《아이디어 정원》과 《또 다른 지구를 찾아서》 등이 있습니다.

책으로 여행하는 아이 ①
곤니치와, 일본

초판 1쇄 발행 2017년 8월 25일 | 초판 5쇄 발행 2024년 7월 1일
글쓴이 조피아 파비야노프스카-미칙 | 그린이 요안나 그로호츠카 | 옮긴이 이지원
펴낸이 홍석 | 이사 홍성우 | 편집부장 이정은 | 편집 조유진 | 디자인 권영은·김영주 | 외주디자인 조은화
마케팅 이송희·김민경 | 제작 홍보람 | 관리 최우리·정원경·조영행
펴낸곳 도서출판 풀빛 | 등록 1979년 3월 6일 제2021-000055호 | 제조국 대한민국 | 사용연령 8세 이상
주소 서울특별시 강서구 양천로 583 우림블루나인 A동 21층 2110호 | 전화 02-363-5995(영업) 02-362-8900(편집)
팩스 070-4275-0445 | 전자우편 kids@pulbit.co.kr | 홈페이지 www.pulbit.co.kr
블로그 blog.naver.com/pulbitbooks | 인스타그램 instagram.com/pulbitkids

ISBN 979-11-6172-008-1 74910 | ISBN 979-11-6172-007-4 (세트)

이 도서의 국립중앙도서관 출판예정도서목록(CIP)은 서지정보유통지원시스템 홈페이지(http://seoji.nl.go.kr)와 국가자료공동목록시스템(http://www.nl.go.kr/kolisnet)에서 이용하실 수 있습니다. (CIP제어번호:CIP2017016724)

Banzai by Zofia Fabjanowska-Micyk ⓒ 2015 by Wydawnictwo Dwie Siostry
ⓒ Copyright for the text by Zofia Fabjanowska-Micyk, 2015
ⓒ Copyright for the illustrations by Wydawnictwo Dwie Siostry, Warszawa 2015
ⓒ Copyright for this edition by Wydawnictwo Dwie Siostry, Warszawa 2015
Korean Translation Copyright ⓒ 2017 by PULBIT publishing co.
All rights reserved.
The Korean language edition published by arrangement with Wydawnictwo Dwie Siostry, Seoul.

이 책의 한국어판 저작권은 Wydawnictwo Dwie Siostry 와의 독점 계약으로 "도서출판 풀빛"에 있습니다.
저작권법에 의해 한국 내에서 보호를 받는 저작물이므로 무단전재와 무단복제를 금합니다.

This publisation has been supported by the ⓒPOLAND Translation Program.
이 책은 폴란드 북 인스티튜트의 지원을 받아 제작하였습니다.

*이 책에 나오는 지명과 인명은 국립국어원의 외래어 표기법을 기준으로 하였습니다.
*종이에 베이거나 긁히지 않도록 조심하세요. 책 모서리가 날카로우니 던지거나 떨어뜨리지 마세요.
*책값은 뒤표지에 표시되어 있습니다.
*파본이나 잘못된 책은 구입하신 곳에서 바꿔드립니다.